As paixões da alma

Quaestiones disputatae De Veritate

Questão 26

O livro é a porta que se abre para a realização do homem.

Jair Lot Vieira

Tomás de Aquino

As paixões da alma

Quaestiones disputatae De Veritate

Questão 26

TRADUÇÃO, EDIÇÃO E NOTAS

PAULO FAITANIN
Doutor em Filosofia Medieval pela Universidad de Navarra (Espanha)
Professor Associado III e Professor do Programa de Pós-Graduação
em Filosofia da Universidade Federal Fluminense – UFF
Pesquisador do Gabinete de Estudos Medievais
da Universidade do Porto (Portugal)

BERNARDO VEIGA
Doutor em Filosofia pela Universidade Federal do Rio de Janeiro – UFRJ
Realizou o pós-doutorado em Filosofia pela UFRJ e em
Direito pela Universidade Católica de Petrópolis
Coordenador dos projetos: "Questões disputadas" e "Tomás, comentador"

edipro

Grafia conforme o novo Acordo Ortográfico da Língua Portuguesa.

1ª edição, 1ª reimpressão 2024.

Editores: Jair Lot Vieira e Maíra Lot Vieira Micales
Coordenação editorial: Fernanda Godoy Tarcinalli
Editoração: Alexandre Rudyard Benevides
Coordenador do Projeto "Questões disputadas": Bernardo Veiga
Revisão: Beatriz Rodrigues de Lima
Diagramação e Arte: Karine Moreto Massoca

Dados Internacionais de Catalogação na Publicação (CIP)
(Câmara Brasileira do Livro, SP, Brasil)

Tomás de Aquino, 1225-1274.

As paixões da alma : quaestiones disputatae de veritate : questão 26 / Santo Tomás de Aquino; tradução, edição e notas Paulo Faitanin e Bernardo Veiga. – São Paulo : Edipro, 2015.

Título original: De passionibus animae: quaestiones disputatae de veritate: quaestio 26.

Bibliografia.

ISBN 978-85-7283-905-1

1. Filosofia – Obras anteriores a 1800 2. Teologia – Obras anteriores a 1800 I. Faitanin, Paulo. II. Veiga, Bernardo. III. Título.

14-12711 14-12711

Índice para catálogo sistemático:
1. Tomás de Aquino :
Filosofia medieval : 189.4

EDITORA AFILIADA

edipro

São Paulo: (11) 3107-7050 • Bauru: (14) 3234-4121
www.edipro.com.br • edipro@edipro.com.br
@editoraedipro @editoraedipro

Sumário

Apresentação

TOMÁS DE AQUINO [1225-1274], filósofo e teólogo dominicano, escreveu diversas obras e, entre as mais importantes, contamos as famosas *Questões Disputadas*, fruto de uma metodologia original e própria da atividade acadêmica da universidade medieval. Delas derivam as mais célebres contribuições do Tomismo para a Filosofia e a Teologia. Neste método medieval, Tomás inicia com uma pergunta [questão] e a desenvolve em artigos. Cada questão disputada pode conter diversos artigos. Cada artigo considera uma parte da questão, mediante uma pergunta, e está composto por argumentos pró e contra e uma conclusão, na qual aparece a resposta do autor à pergunta elaborada na forma de artigo, que, por sua vez, compõe a questão. Em cada artigo Tomás procede da seguinte maneira: ante a pergunta proposta num artigo da questão, ele a afirma ou nega, expondo em contrário diversos argumentos. Em seguida, toma um ou mais argumentos fortes, que são contrários àqueles diversos raciocínios que se seguiram à pergunta inicial. Então, logo após esses argumentos, ele inicia uma resposta, em conformidade com o que pretende demonstrar, escrevendo no corpo do artigo uma conclusão, que é simultaneamente resposta à pergunta feita inicialmente, e termina esclarecendo as dificuldades ou contradições dos primeiros argumentos expostos.

O *Instituto Aquinate*, em parceria com a *Edipro*, continua a empreitada de publicar uma série de textos inéditos, editados em vernáculo, em edição simples, acessível, com breve introdução descritiva e notas à tradução, com o intuito de pouco ou quase nada interferir na obra, deixando o leitor com o mínimo necessário para ele mesmo ir diretamente ao texto de Tomás. A intenção é divulgar não só entre o público acadêmico, mas entre os diversos admiradores do tomismo, as principais ideias do autor contidas nas referidas *Questões Disputadas*. Neste espírito nasce *o Projeto Questões Disputadas*. Este projeto é coordenado por Bernardo Veiga (Instituto Aquinate), doutorando em Filosofia pela UFRJ (bolsista Capes). Este livro foi traduzido e editado pelo Prof. Dr. Paulo Faitanin (UFF) e por Bernardo Veiga.

Este projeto não seria possível sem a cooperação do Prof. Dr. Enrique Alarcón (Universidad de Navarra/Espanha), presidente da *Fundación Tomás de Aquino*, detentora dos direitos de cópia dos textos latinos e mantenedora do *Corpus Thomisticum* [<www.corpusthomisticum.org>]. O estimado professor Alarcón há muito colabora com a *Revista Aquinate* [<www.aquinate.net>], e a ele agradecemos por conceder-nos a permissão para pesquisar e utilizar como base para as traduções a edição latina dos textos contidos no *Corpus*. O texto vertido para o vernáculo também foi cotejado com outras versões, por sinal, todas muito úteis para considerar as soluções propostas para certas passagens de difíceis compreensão e tradução. Para a configuração das notas de rodapé tivemos em conta, quando se fez necessário, o aparato bibliográfico das referidas edições latinas do texto e das versões que consultamos.

Apresentamos a tradução inédita em português da questão 26 das *Quaestiones disputatae De Veritate*, *As paixões da alma*, composta por 10 artigos. Esta obra é autêntica[1] e data dos três anos do primeiro período de ensino magistral de Tomás em Paris, 1256-1259.[2] Nesta obra, Tomás investiga a natureza das paixões, de que modo a alma padece e como está unida ao corpo. Mostra também algumas paixões, especialmente, a esperança, o temor, a alegria e a tristeza. Além disso, trata do seu aspecto ético e teológico, de que modo elas se relacionam com o mérito e com a alma de Cristo.

Fontes e repertórios bibliográficos

Outras traduções

Foram consultadas as seguintes versões: TOMÁS DE AQUINO, *De veritate, Las pasiones del alma, Cuestión 26*. Introducción, traducción y notas de Juan Fernando Sellés. Pamplona: Cuadernos de Anuario Filosófico 108, 2000; SAN TOMMASO D'AQUINO, *Le Questioni Disputate*. Testo latino di S. Tommaso e traduzione italiana. Volume Terzo. La Verità. (De Veritate). Questioni 21-29. Bologna: ESD, 1993; SAINT THOMAS D'AQUIN, *De Veritate. Les vingt-neuf questions disputées sur la vérité* (1256-1259). Philosophie et Théologie. Traduction par le frère André Aniorté, O.S.B., moine de l'Abbaye sainte Madeleine du Barroux, 2005-2008. Version Bilingue Latin/Français. Deuxième édition numérique août 2012 [<http://docteurangelique.free.fr>]; THOMAS AQUINAS, *Truth. Questiones Disputatae De Veritate*. Questions 21-29. Translated by Robert W. Schmidt, S.J. Chicago: Henry Ragnery Company, 1954. Edição em HTML por Joseph Kenny, O.P. [<http://dhspriory.org/thomas/QDdeVer.htm>]. Com relação às referências bíbli-

1. MANDONNET, P., O.P. *Des écrits authentiques de S. Thomas d'Aquin*. 2. édition revue et corrigée. Fribourg (Suisse): Imprimerie de l'oeuvre de Saint-Paul, 1910, p. 30 e 106; GRABMANN, M. *Die Werke des hl. Thomas von Aquin*. Münster Westf.: Aschendorffsche Verlagsbuchhandlung, 1949, p. 307.
2. TORRELL, J. P., O.P. *Iniciação a Santo Tomás de Aquino. Sua pessoa e obra*. Trad. Luiz Paulo Rouanet. São Paulo: Edições Loyola, 1999, p. 71-2 e 389-90.

cas da vulgata latina encontradas no corpo do texto, valemo-nos da *Bíblia de Jerusalém* [Paulus: 2002] para indicá-las, trazendo à luz possíveis esclarecimentos, quando assim for exigido.

Notas

Buscou-se, também, sempre que possível, confrontar os textos dos Padres da Igreja citados por Tomás e encontrados nas Patrologias grega e latina. Para este fim, de um modo geral, tivemos em conta os textos da Patrologia Latina (PL) e da Patrologia Grega (PG), da edição de Migne, disponíveis no site <http://www.documentacatholicaomnia.eu/25_Migne.html>. Para buscar as referências mais detalhadas das obras de Santo Agostinho, consultamos a excelente ferramenta de busca encontrada no site <http://www.augustinus.it/latino/index.htm/>. Ainda assim, quando necessário, pesquisamos a seguinte edição de obras gregas e latinas de diversos autores <http://www.perseus.tufts.edu/hopper/>. Para as obras de Aristóteles e Averróis foram consultadas as seguintes edições: *Aristotelis Opera* [Ed. Immanuel Bekker. Berlin: Walter de Gruyter & Sócios, 1960; AVERROES CORDUBENSIS, *In Aristotelis Opera cum Averrois Cordubensis in eosdem commentariis*. Venetiis: Apud Junctas, 1562-1574 [reimp. Frankfurt, 1962]. Estas e outras obras, como as de Avicena, de Porfírio e de Boécio, foram consultadas em suas edições mais clássicas no seguinte site <http://capricorn.bc.edu/siepm/books.html>. Com relação aos outros autores islâmicos e judeus, citaremos as edições mais usuais. Para as referências de outras obras de Tomás de Aquino, que incluímos em nossa tradução, para uma melhor fundamentação das ideias expostas no corpo do artigo, usamos as seguintes edições impressas das obras de Tomás de Aquino: TOMÁS DE AQUINO, *Suma Teológica*. Coordenação geral da tradução de Carlos-Josaphat Pinto de Oliveira, O.P. v. I-IX. São Paulo: Edições Loyola, 2001-2006; TOMÁS DE AQUINO, *Suma Contra os Gentios*. Tradução de Dom Odilão Moura, O.S.B. v. I-II. Porto Alegre: Edipucrs/ Est, 1990-1996; SANCTI THOMAE DE AQUINO, *Opera omnia iussu Leonis XIII P.M. edita, t. 22* 3/1. *Quaestiones Disputatae de veritate*. Roma: Ad Sanctae Sabinae/Editori di San Tommaso, 1972; SANCTI THOMAE AQUINATIS, *In decem libros Ethicorum Aristotelis ad Nicomachum expositio*. Editio tertia. Cura et studio P. Fr. Raymundi M. Spiazzi, O.P. Taurini: Marietti, 1964; SANCTI THOMAE AQUINATIS, *Opera Omnia*. Iussu impensaque Leonis XIII. Tomus 3: *Commentaria in Libros Aristotelis De Caelo et Mundo*. Romae: Ex Typographia Polyglotta, 1886; SANCTI THOMAE AQUINATIS, *Opera Omnia*. Iussu impensaque Leonis XIII. Tomus 48 A: *Sententia libri Politicorum*. Romae: Ad Sanctae Sabinae, 1971; SANCTI THOMAE AQUINATIS, *Opera Omnia*. Tomus 6: *Commentum in quatuor libros Sententiarum*. Parmae: Typis Petri Fiaccadori, 1856; SANCTI THOMAE AQUINATIS, *In octo libros Physicorum Aristotelis expositio*. Cura et studio P. M. Maggiòlo, O.P. Taurini: Marietti, 1965; SANCTI THOMAE AQUINATIS, *In Metaphysicam Aristotelis commentaria*. Cura et studio P. Fr. M.-R. Cathala. Taurini: Marietti, 1915; SANCTI THOMAE AQUINATIS, *In Aristotelis librum De anima commentarium*. Editio tertia. Cura et studio P. F. A. M. Pirotta. Taurini: Marietti, 1948; SANCTI THOMAE AQUINATIS, *In librum Beati Dionysii De divinis nominibus expositio*. Cura et studio C. Pera, P. Caramello, C. Mazzantini. Taurini-Romae: Marietti, 1950.

Rodolfo Petrônio
Professor adjunto do
departamento de filosofia da UNIRIO

Introdução

1. O tema e o seu contexto

Nossa intenção neste texto é brevemente expor a análise de Tomás de Aquino [1225-1274] sobre a questão *As paixões da alma*, tratada em sua obra *De veritate*,[1] questão 26, estruturada em 10 artigos, como introdução à edição que aqui é publicada. Com isso pretendemos auxiliar o leitor a entender e contextualizar o tema, sem interferir em sua leitura e deixar que ele mesmo vá ao texto e se aproxime mais adequadamente desta doutrina. Este assunto é considerado dentro da ética tomista, que estuda a moralidade dos atos humanos, na qual se inserem as paixões da alma.

As paixões são moções produzidas na alma humana quando ela padece o que resulta da inclinação da potência do seu apetite sensitivo para algum objeto sensível, seja para desejá-lo, como um bem sensível, por causar-lhe sua posse, por exemplo, o sen-

1. Sobre a data da sua composição e acerca do seu conteúdo doutrinal, assim se expressou Torrell: "As questões disputadas De veritate datam dos três anos do primeiro período de ensino magistral de Tomás em Paris, de 1256 a 1259... Podemos aí perceber dois grandes blocos: a verdade e o conhecimento (qq. 1-20), o bem e o apetite pelo bem (qq. 21-29)", p. 389-90. Cfr. TORRELL, J. P., O.P. *Iniciação a Santo TOMÁS DE AQUINO, Sua pessoa e sua obra*. Tradução Luiz Paulo Rouanet. São Paulo: Edições Loyola, 1999.

timento de alegria e prazer que uma criança tem ao ver e comer um doce; seja para afastar-se de algo sensível, como de um mal, por causar-lhe sua presença, por exemplo, o sentimento de desespero ante um iminente risco de morte.

Daí as paixões, emoções ou sentimentos serem estabelecidos em dois grupos: um *concupiscível*, que se caracteriza como um movimento que se pauta no desejo do bem sensível e na aversão do mal sensível como: amor/ódio, desejo/aversão, alegria/tristeza; outro *irascível*, que se caracteriza como um movimento mais violento, seja para conseguir um bem difícil de obter ou para evitar um mal difícil de conter como: esperança/desespero, audácia/medo e ira. Como são movimentos naturais, as paixões, em si mesmas, não são nem boas, nem más. Contudo, podem ser boas, se seguem as regras da razão; ou más, quando não as seguem.

As regras da razão visam orientar o apetite sensitivo do homem em suas inclinações e ações, para que não seja levado aos extremos de uma paixão, que diluem o bem da inclinação, da posse e do próprio objeto sensível. A consciência, a observação e o hábito de tais regras, que agem sob dois princípios: um da razão, que é o princípio da não-contradição, pelo qual a razão orienta a distinguir o que é o bem verdadeiro do objeto sensível do que não é; outro da vontade, denominado sindérese, pelo qual a razão orienta a vontade, em seu apetite sensitivo, a inclinar-se ao que é bom e agradável não só ao sentido, mas também à alma.

O hábito desses dois princípios aplicados corretamente gera, pela constante prática, uma ação que é um meio-termo entre o excesso e a escassez de bem, que uma paixão pode apresentar para o corpo e alma. Sobre a reta aplicação destas regras, funda-se a lei da moralidade, que é o ditame da razão – a reta razão do agir–, que é uma participação da lei eterna. A regra suprema da moralidade é Deus, pois não se encontra na razão a regra suprema da moralidade, senão os ditames que são a participação em nós dos princípios da lei eterna divina, que é a regra suprema.[2]

2. TOMÁS DE AQUINO, *SCG.* III, 129; *STh.* I-II, q. 19, a. 4; I-II, q. 71, a. 6; I-II, q. 72, a.5; II-II, q. 17, a. 1; *De Ver.* q. 23, a. 7; *De malo*, q. 2, a. 4; *SCG.* III, 9.

Quando a razão orienta e regula habitualmente as paixões, e a prática constante gera um hábito, esse hábito é denominado bom, por causa de sua retidão e porque opera como um meio-termo entre os extremos de uma paixão. Este meio-termo inclui o que há de bom entre os extremos, evitando o excesso e a escassez de bem que possa ocorrer, sem que ocorra contradição.

O meio-termo conduz o apetite sensitivo a alcançar e usufruir como um bem a própria ação, os meios que utiliza e o objeto sensível a que se inclina. A repetição e constância desse meio-termo geram aos poucos uma força habitual que leva o homem, em cada ação, a atuar sempre em busca de um bem, mesmo que sensível, que seja prazeroso tanto para o corpo, quanto para a alma. Esta força habitual, em sua inclinação, uso dos meios e posse do objeto bom, denomina-se virtude.

A *virtude* é, pois, o ato bom, habitual, que torna melhor quem o possui e melhor a sua ação ante as desordens das paixões. A virtude capacita o homem a tornar-se melhor no que é e no que faz. Dessa orientação da razão sobre as paixões do apetite sensitivo geram-se quatro virtudes. A primeira é a *prudência*, uma virtude da razão que orienta a inclinação do apetite sensitivo; a segunda é a *justiça*, que torna equânime a vontade em suas ações; a terceira é a *fortaleza*, que fortalece a alma diante dos bens sensíveis difíceis de serem alcançados ou males difíceis de serem evitados; a quarta é a *temperança*, que modera o apetite sensitivo dos desejos relativos às potências preservativas e reprodutivas do homem.

Quando a razão não orienta e nem regula habitualmente as paixões, e a prática constante gera um hábito, esse hábito é denominado mau, porque não opera como um meio-termo bom entre os extremos de uma paixão, pois não inclui o que há de bom dos extremos, mas o que há de privação dos opostos, daí ser denominado mau. Este hábito mau leva a razão a não alcançar e usufruir o bem, nem da ação, nem do objeto sensível a que tende a alcançar e usufruir, pois não usufrui o bem integral, senão a privação do bem total presente nos extremos, pois o bem de um extremo é a privação do bem do outro extremo, uma vez que o bem adequado aos extremos é o do meio-termo entre o excesso e a escassez.

A repetição e constância de uma ação passional de um extremo escolhido da paixão, igualmente, geram, aos poucos, uma força habitual que leva o homem, em cada ação, a atuar sempre buscando um dos extremos da paixão, o excesso ou a escassez, e nunca o meio-termo, que inclui o que há de bom entre eles e em cada um deles. A esta força habitual má denomina-se vício.

A desordem das paixões, como dito, gera o vício. Não obstante, se perfeito for o que está disposto segundo o modo de sua natureza,[3] a virtude será a disposição do que é perfeito para o melhor. Contudo, três coisas se encontram em oposição à virtude: o *pecado*, que se opõe ao fim bom a que a virtude se ordena; a *malícia*, que se opõe àquilo a que se ordenam a virtude e a bondade; e o *vício*, que se opõe à disposição habitual da virtude ao bem.[4]

Vício é, pois, a privação de perfeição da natureza por disposição habitual contrária ao seu bem.[5] Por isso, o vício se opõe à virtude. Ora, a virtude de cada coisa consiste em que esteja bem disposta, segundo o que convém à natureza. Logo, deve-se chamar vício, em qualquer coisa, o fato de estar em disposições contrárias ao que convém à natureza.[6]

Eis os principais vícios: *soberba* – apetite desordenado da própria excelência e início de todos os vícios;[7] *avareza* – apetite desordenado das riquezas, de qualquer bem temporal e corruptível;[8] *inveja* – apetite desordenado dos bens alheios e que

3. TOMÁS DE AQUINO, *STh*. I-II, q. 71, a. 1, c.
4. TOMÁS DE AQUINO, *STh*. I-II, q. 71, a. 1, c.
5. TOMÁS DE AQUINO, *STh*. I-II, q. 71, a. 1, c.
6. TOMÁS DE AQUINO, *STh*. I-II, q. 71, a. 2, c.
7. TOMÁS DE AQUINO, *STh*. I-II, q. 84, a. 2, c.
8. TOMÁS DE AQUINO, *STh*. I-II, q. 84, a. 1, c.

se caracteriza como uma tristeza que considera que o bem do outro é um mal pessoal;[9] *acídia* – apetite desordenado que se configura como uma tristeza profunda que produz uma depressão na alma do homem, pela qual este não tem vontade ou ânimo de fazer mais nada, e se manifesta num torpor do espírito, em cujo estado não consegue inclinar-se a empreender o bem;[10] *ira* – apetite desordenado que se configura como tristeza e se conflagra no desejo e na esperança de vingança;[11] *gula* – apetite desordenado do desejo e do deleite de alimentos;[12] e *luxúria* – apetite desordenado do desejo e dos prazeres sexuais.[13]

Portanto, toda dimensão da ética individual se realiza na vida em sociedade, nascida desde uma regra de ouro dita pela razão na vivência das paixões. Deste ponto de vista, o estudo das paixões da alma é muito importante, inclusive para melhor vislumbrar a dimensão moral do homem, não somente em sua vida individual mas também em suas relações sociais, e para compreender a *excelência* da vida virtuosa.

Assim, pois, como moções internas da alma, as paixões podem determinar o voluntário, se o antecedem na inclinação ao bem ou na aversão ao mal. Se a vontade cegamente aderir à determinação e ao movimento das paixões, isso influencia o voluntário e pode diminuir a liberdade. Entretanto, se a vontade aderir à determinação e ao movimento das paixões, segundo a orientação da razão, isso influencia positivamente o voluntário, porque aumenta a liberdade.

Em resumo, como tais, as paixões são os movimentos do apetite sensitivo dados internamente na alma, oriundo da ação

9. TOMÁS DE AQUINO, *STh*. II-II, q. 36, a. 1, c.
10. TOMÁS DE AQUINO, *STh*. II-II, q. 35, a. 1, c.
11. TOMÁS DE AQUINO, *STh*. I-II, q. 46, a. 1, c.
12. TOMÁS DE AQUINO, *STh*. II-II, q. 148.
13. TOMÁS DE AQUINO, *STh*. II-II, q. 153.

dos sentidos internos, como da imaginação do bem ou do mal[14] ou da ação dos sentidos externos, como do olho que vê um objeto sensível prazeroso. Tanto os sentidos internos, quanto os externos em suas ações produzem moções internas na alma que são as paixões. E as paixões, por sua vez, incitam os sentidos internos e externos a ir em direção ao objeto sensível ao qual se inclina o apetite sensitivo da alma humana.

Por tudo quanto foi dito, o homem não deve abolir, desvalorizar ou supervalorizar as paixões, mas orientá-las segundo os ditames da razão e com uma vontade livre, para que se produzam, a partir delas, as virtudes como hábitos bons, que se adquirem com a constante aplicação da reta razão sobre a vontade livre na orientação das paixões, para adequá-las à intenção e ao fim da ação humana, pois uma paixão desorientada desvirtua não apenas a ação, mas o próprio fim do homem. A virtude como uma disposição habitual reveste a natureza de quem opera de tal modo que imprime nela uma força – daí *virtude* – de difícil remoção. Como regra geral, a importância da virtude está em que ela torna bom aquele que a possui e boa a obra que ele faz.[15]

2. Breve explicação do método das Questões Disputadas

O que são as Questões Disputadas? Durante a Escolástica, sobremaneira nas universidades do século XIII, os professores, para o desempenho de suas atividades acadêmicas, compunham, mediante exaustivas pesquisas, suas obras para serem lidas e analisadas em suas aulas, no exercício da docência.

Para compô-las os professores utilizavam diferentes métodos: comentar, expor, reunir sentenças, fazer sumas etc., cada

14. TOMÁS DE AQUINO, *STh*. I-II, q. 22, a. 3; *De Ver*. q. 26, 3; *In II Eth*. *Lec*. 5, n. 292.

15. TOMÁS DE AQUINO, *STh*. II-II, q. 47, a. 4, c.

qual com uma finalidade própria, mas todas para atender as duas formas mais usuais de ensino: a *lectio*, que consistia na leitura e comentário de um texto, e a *disputatio*, que consistia na disputa de uma *quaestio.*[16]

Uma *quaestio* pode estar relacionada a muitas outras questões, derivadas dela. Este é o caso da questão sobre a Verdade, que leva consigo muitas outras questões relativas ao tema. Por essa razão, o tema sobre a verdade – *De Veritate* – reúne sobre si muitas questões – *Quaestiones* – que ao longo da exposição do tema serão examinadas ou disputadas – *Disputatae* – com muitos argumentos que se possam aduzir *pro* (pró) e *contra*, seguida de uma proposta de solução. Esta é a explicação para o nome desta obra: *Quaestiones Disputatae De Veritate*, em cuja questão 26, estruturada em 10 artigos, em que cada artigo reúne argumentos *pro* e *contra*, disputa o tema das paixões da alma.

Cada título de artigo da questão em jogo era proposto em forma de pergunta, por exemplo: *A alma naturalmente separada do corpo padece?* Seguia-se à pergunta, uma proposta de resposta contrária ao que se queria demonstrar, ou seja, uma resposta do tipo: *Parece que não.*

Propunham isso para dar lugar primeiro aos argumentos contrários à pergunta, e tais argumentos contrários eram denominados de objeções. Antes de proporem uma solução à pergunta feita, eram sugeridos alguns poucos argumentos contrários às objeções e a favor de uma resposta afirmativa à pergunta que intitula o artigo. Logo depois, propunha-se uma resposta, às vezes breve, outras vezes longa, que afirmava a pergunta. E, por fim, respondia-se a cada uma das objeções.

Os argumentos *pro* e *contra* que constituíam um artigo eram estruturados silogisticamente, a partir de um raciocínio aparentemente verdadeiro que era retirado da obra de alguma auto-

16. ABBAGNANO, N. *História da Filosofia*. Lisboa: Editorial Presença, v. 3 (1999), p. 9.

ridade, fosse filosófica, teológica ou mesmo a Bíblia. Em geral, eram silogismos compostos por três premissas: a maior, a menor e a conclusão. Em cada argumento, no geral, era citada a fonte, exceto se fosse de conhecimento comum. Mas, ainda assim, era comum citar a fonte mesmo se ela fosse bem conhecida.

3. Exposição resumida dos artigos da questão sobre *As paixões da alma*

A alma separada do corpo padece? No primeiro artigo, os argumentos *contra* sustentam que a alma separada do corpo não padece o fogo corpóreo, porque é incorpórea. Os argumentos *pro* da solução afirmam que a alma separada padece o fogo corpóreo, porque, mesmo sendo incorpórea e estando separada, mantém certo vínculo substancial com o corpo, o que induz que não é o corpo que sente, mas a alma que sente pelo corpo, pois é ela quem dá o ser, o viver e o sentir ao corpo.

A alma unida ao corpo padece? No segundo artigo, os argumentos *pro* sustentam que ela nem padece substancial, nem acidentalmente. Na solução apresenta os argumentos *contra*, e conclui dizendo que a alma unida ao corpo padece acidentalmente o que o corpo padece, segundo alguma mudança que ocorra nele, porque embora a alma seja o princípio do ser e vida do corpo, a paixão começa no corpo como algo que lhe é próprio e, apenas, acidentalmente, chega à alma que a padece.

A paixão está apenas no apetite sensitivo? No terceiro artigo, os argumentos *contra* se pautam na sustentação de que a paixão estaria em qualquer potência da alma. Nos argumentos *pro*, descritos na solução, apontam para a afirmação de que a paixão estaria apenas no apetite sensitivo. Por isso, conclui dizendo que a paixão não pode convir à alma, senão pelo corpo, mediante sua potência sensitiva, pela qual a alma padece naquela potência que corresponde receber o que o corpo sente.

Em que se fundamentam a oposição e a diversidade entre as paixões da alma? No quarto artigo, os argumentos *contra* sustentam que a oposição e a diversidade das paixões não se pautam no bem e no mal, mas nas próprias paixões e nas potências das quais emanam. Os argumentos *pro* apontam distintas propostas, mas se fundamentam no bem ou no mal, pois umas paixões se fundam no desejo ou posse de algo bom e outras na aversão ou fuga de algo mal. Portanto, fundamentam-se no bem e no mal.

A esperança, o temor, a alegria e a tristeza são as quatro principais paixões da alma? No quinto artigo, os argumentos *contra* estabelecem que estas não são as principais paixões da alma, pois o amor, por exemplo, é mais fundamental que as referidas. Os argumentos *pro* indicam que aquelas quatro paixões são principais, porque são anteriores às outras e sua origem se dá diretamente do apetite sensitivo, de onde emanam todas as outras. Portanto, a esperança, o temor, a alegria e a tristeza são as quatro principais paixões da alma.

Somos merecedores pelas paixões? No sexto artigo, os argumentos *contra* indicam que somos merecedores pelas paixões da alma, pois pelos preceitos divinos que tocam a nossa vontade nós nos alegramos, nos tornamos esperançosos etc. Os argumentos *pro* afirmam que não somos merecedores pelas paixões, exceto acidentalmente, pois o que nos torna merecedores é a vontade livre tocada pela graça. Portanto, não somos merecedores pelas paixões.

A paixão unida ao mérito diminui algo do mérito? No sétimo artigo, os argumentos *contra* indicam que merece mais quem faz apenas pelo juízo da razão, pois para o mérito o ato da razão e da vontade não dependem da paixão. Os argumentos *pro* asseveram na conclusão que, se a paixão segue o ato livre da vontade orientado pela razão e tocado pela graça, a paixão não diminui o mérito, senão antes aumenta a bondade do ato, pois confirma o movimento de união entre a vontade e a paixão quanto ao fim bom.

Existiram paixões desse tipo em Cristo? No oitavo artigo, os argumentos *contra* sustentam que não existiram na alma de Cristo paixões desse tipo, a saber, de paixão unida ao mérito. Os argumentos *pro* afirmam que em Cristo existiram paixões em razão da sua natureza humana, mas essas paixões sempre estiveram ordenadas por sua razão e vontade, por isso tais paixões, de modo perfeito, atuaram de acordo com a sua vontade nas ações que Ele executava. De tal modo que, em Cristo, essas mesmas paixões não eram cegas, repentinas, súbitas, embora fortes; eram ordenadas e perfeitas e aumentaram o mérito da sua ação oriunda de uma vontade livre e iluminada pela verdade da razão.

Na alma de Cristo existiu a paixão da dor quanto à razão superior? No nono artigo, os argumentos *contra* indicam que não existiram na alma de Cristo a paixão da dor na razão superior, ou seja, a parte superior da alma que não se une ao corpo. Os argumentos *pro*, expostos na conclusão, afirmam que a razão superior em Cristo padecia pela dor corporal, segundo que se radica na essência da alma. Contudo, não padecia, por exemplo, a paixão da tristeza animal, porque por seu ato próprio a razão superior de Cristo se volta para contemplar as realidades eternas, nas quais não há motivo para tristeza.

A dor da paixão na razão superior de Cristo impedia a alegria da felicidade? No décimo artigo, os argumentos *contra* indicam que tal dor da paixão na razão superior impedia a alegria de contemplar a felicidade, pois ou a dor afasta a alegria ou a alegria afasta a dor. Os argumentos *pro*, analisados na solução, dizem que em Cristo a alegria da fruição e a dor corporal da paixão de nenhuma maneira se contradizem, pois em Cristo a mesma dor atingia a razão superior, enquanto estava radicada no ser da alma, e ali se dava também a suma alegria, enquanto por seu ato fruía de Deus. E, assim, a mesma alegria convinha à razão superior por si, porque convinha pelo ato próprio; porém a dor, como por acidente, convinha em razão da essência da alma na qual se fundava.

Conclusão

Se cada ser opera segundo o que é por natureza, porque o agir segue o ser que se é em ato,[17] as paixões jogam um papel essencial no caso do homem, para que ele consiga alcançar o fim que deseja. Toda ação humana deve proceder de uma vontade livre[18] e inclinar-se naturalmente para o melhor dos bens possíveis. Ora, o melhor bem a que pode dirigir-se a vontade livre é a felicidade. Por isso, todo homem age em vista de um fim último que é a felicidade.[19] Mas como é impossível que se dirija simultânea e absolutamente a muitos fins, pois, com exceção do último, todos os demais são imperfeitos,[20] só o último satisfaz plena e perfeitamente todo o apetite do homem.[21] Por isso, a felicidade humana não se encontra nos bens criados, mas apenas em Deus,[22] consistindo isso, como já dissemos, no Seu conhecimento.[23]

O homem pode, no entanto, por sua afetividade desorientada, render-se aos extremos das paixões que lhe tragam prazer e alguma satisfação momentânea. Isso não é a felicidade, porque, como tal, a felicidade à qual a vontade tende naturalmente transcende os prazeres, porque é muito maior, trazendo consigo sempre paz e alegria, o que as paixões não podem proporcionar ou garantir senão enquanto na posse do objeto do prazer, mas ainda assim de um modo imperfeito e intranquilo. Nada garante que tal prazer não traga simultaneamente dor.

É obvio que o prazer gerado a partir de uma paixão regulada pela razão participa muito mais daquilo que é a felicidade buscada pela vontade livre, mas nem mesmo o prazer esgota a sede

17. TOMÁS DE AQUINO, *In III Sent.* d. 3, q. 2, a. 1, c.
18. TOMÁS DE AQUINO, *STh.* I-II, q. 1, aa. 1 e 3.
19. TOMÁS DE AQUINO, *In I Eth. Lec.* 9, n. 105.
20. TOMÁS DE AQUINO, *In I Eth. Lec.* 9, n. 109.
21. TOMÁS DE AQUINO, *STh.* I-II, q. 1, a. 5; *In II Sent.* d. 31, q. 1, a. 1, c.
22. TOMÁS DE AQUINO, *In I Sent. proem.* q. 1, a. 1; *STh.* I-II, q. 2, a. 8.
23. TOMÁS DE AQUINO, *SCG.* III, 48.

de felicidade que tem a vontade. É proporcional à inquietude do intelecto pela verdade a inquietude que a vontade apresenta em relação ao bem, cuja posse lhe causa a felicidade. Ora, se Deus é a verdade que aquieta o intelecto, n'Ele mesmo se encontra a felicidade que o homem busca por sua vontade livre. Tudo isso se diz supondo que o homem esteja operando segundo uma vontade livre, pois, embora em si mesma a vontade seja livre, não é necessário que ela sempre opere livremente, sem nenhuma coação interna, pelas intenções e paixões, ou externa, por violência e coisas desse tipo.

Paulo Faitanin e
Bernardo Veiga

Questão 26*

As paixões da alma

*. Tradução baseada no texto Taurino *Quaestiones disputatae De Veritate, q. 26,* editado em 1953, transferido automaticamente por Roberto Busa, S. J., para fitas magnéticas e de novo revisto e ordenado por Enrique Alarcón. Disponível em: <www.corpusthomisticum.org>.

Proêmio

E, primeiro, pergunta-se se a alma naturalmente separada do corpo padece.

Segundo, de que modo a alma unida ao corpo padece.

Terceiro, se a paixão está apenas no apetite sensitivo.

Quarto, em relação a que se considera a contrariedade e a diversidade entre as paixões da alma.

Quinto, se a esperança, o temor, a alegria e a tristeza são as quatro principais paixões.

Sexto, se merecemos pelas paixões.

Sétimo, se a paixão unida ao mérito diminui algo do mérito.

Oitavo, se as paixões desse tipo existiram em Cristo.

Nono, se a paixão da dor existiu na alma de Cristo, quanto à razão superior.

Décimo, se pela dor da paixão, que existia na razão superior de Cristo, impedir-se-ia a alegria da fruição, e o inverso.

Artigo 1

E, primeiro, pergunta-se se a alma separada do corpo padece[1]

E parece que não padece pelo fogo corpóreo.

1. Outros lugares: *Super Sent.* IV, d. 44, q. 3, a. 3, qc. 3; *Quodl.* VII, q. 5, a. 3; *Cont. Gent.* IV, cap. 90; *De anima,* a. 6, ad 7 e a. 21; *Sum. Theo.* I, q. 64, a. 4, ad 1 et *Suplemento*, q. 70, a. 3; *Comp. theol.,* cap. 180; *De spir. creat.,* a. 1, ad 20; *Quodl.* II, q. 7, a. 1 et III, q. 10, a. 1.

Argumentos[2]

1. Com efeito, Agostinho diz no livro XII do *Comentário literal ao Gênesis*:[3] *o agente prevalece sobre o paciente*. Ora, qualquer alma prevalece mais do que o corpo. Logo, a alma não pode padecer pelo fogo corpóreo.

2. Ora, poder-se-ia dizer que o fogo age na alma como instrumento de punição da justiça divina. – Mas, ao contrário, o instrumento não cumpre a ação instrumental, a não ser exercendo a ação natural, tal como a água do Batismo santifica a alma lavando o corpo, e a serra faz o banco cortando a madeira. Ora, o fogo não pode exercer nenhuma ação natural sobre a alma como instrumento da justiça divina. Logo etc.

---

2. Na edição reproduzida por Enrique Alarcón (Taurini) não há esta divisão que ora propomos: *Argumenta* [Argumentos]. O intuito é orientar o leitor quanto à dinâmica da argumentação na exposição do Aquinate. De igual modo, não há notas de rodapé na referida edição latina.

3. AGOSTINHO, *Super Genesis ad Litteram*. L. 12, cap. 16: PL 34, 467.

3. Ora, poder-se-ia dizer que a ação natural do fogo é queimar e, assim, naturalmente age na alma enquanto leva consigo as coisas inflamáveis. – Mas, ao contrário, as coisas inflamáveis, que se dizem que a alma leva consigo, são os pecados, que não são contrariados pelo fogo corpóreo. Logo, como toda ação natural é pela razão da contrariedade, parece que a alma não pode padecer pelo fogo corpóreo, enquanto leva consigo as coisas inflamáveis.

4. Além do mais, Agostinho diz no livro XII do *Comentário literal ao Gênesis*:[4] *não são as coisas corporais, mas as semelhantes às corporais, as quais afetam bem ou mal as almas separadas dos corpos*. Logo, o fogo, pelo qual a alma separada é punida, não é corpóreo.

5. Além do mais, Damasceno diz no fim no livro IV *Sobre a fé ortodoxa*:[5] *entregou o Diabo e os seus demônios e o seu homem*, a saber, *o Anticristo, e os ímpios e pecadores, ao fogo eterno, não o material que é o que está junto a nós, mas certamente o que Deus conhece*. Ora, todo fogo corpóreo é material. Logo, o fogo pelo qual a alma separada padece não é o corpóreo.

6. Mas deve-se dizer que aquele fogo corpóreo aflige a alma, enquanto é visto por ela, como diz Gregório no livro IV dos *Diálogos*:[6] *a alma padece pelo fato mesmo de que vê o fogo*; e, assim, aquilo que imediatamente aflige a alma não é o corpo, mas uma similitude apreendida do corpo. – Mas, ao contrário, a visão, pela qual algo é visto, é perfeição de quem vê. Logo, isso que é visto não induz à aflição de quem vê, senão ao deleite. Logo, se algo visto aflige, isso será enquanto é nocivo de outro

4. AGOSTINHO, *Super Genesis ad Litteram*. L. 12, c. 32: PL 34, 480.
5. JOÃO DAMASCENO, *De fide orthodoxa*. L. 4, c. 27: PG 94, 1228 A.
6. GREGÓRIO MAGNO, *Libri Quattuor Dialogorum*. L. 4, c. 29: PL 77, 368.

modo. Ora, o fogo não pode afligir a alma agindo nela mesma, como foi provado. Logo, nem a alma padece pelo fogo, pelo fato mesmo de vê-lo.

7. Além do mais, há alguma proporção entre o agente e o paciente. Ora, não há qualquer proporção do incorpóreo com o corpo. Logo, a alma não pode padecer pelo fogo corpóreo, por ser incorpórea.

8. Além do mais, se o fogo corpóreo não age de modo natural na alma, é necessário que isso se faça por alguma virtude acrescentada. Logo, ou essa virtude é corporal, ou espiritual. Não pode ser espiritual, porque a realidade corporal não é suscetível de receber a virtude espiritual. Ora, se for corporal, como a alma é superior a toda virtude corporal, por essa virtude o fogo não poderá agir nela. Logo, a alma não pode padecer nem natural, nem sobrenaturalmente.

9. Mas se deve dizer que a alma se torna pelo pecado mais ignóbil do que a criatura corporal. – Mas, ao contrário, Agostinho diz no livro *Sobre a verdadeira religião*,[7] que *a substância vivente é mais digna do que qualquer substância não vivente*. Ora, a alma racional, após o pecado, permanece vivente com a vida natural. Logo, não se torna mais indigna pelo fogo corporal, que é uma substância não vivente.

10. Além do mais, se o fogo corpóreo, aflige a alma; isso não se dá senão enquanto se apreende ou se sente como nocivo. Ora, segue-se disso, que algo é nocivo se tira algo. Por isso Agostinho[8] diz que *o mal é nocivo porque tira o bem*. Ora, o fogo corpóreo nada pode tirar da alma. Logo, nem pode afligi-la.

---

7. AGOSTINHO, *De Vera religione*, c. 29: PL 34, 145.

8. AGOSTINHO, *Enchiridium*, c. 12: PL 40, 237.

11. Mas se deve dizer que tira a glória da visão divina. – Mas, ao contrário, as crianças, que são condenadas apenas pelo pecado original, carecem da visão divina. Logo, se o fogo corpóreo não tirasse nada dos condenados, nem será maior a pena daqueles que são condenados ao inferno pelos pecados atuais, do que a pena das crianças que são castigadas no Limbo,[9] o que vai contra Agostinho.[10]

12. Além do mais, tudo que age em outro, imprime nele a semelhança de sua forma, pela qual age. Ora, o fogo age pelo calor. Logo, como a alma não pode ser aquecida, parece que não pode padecer pelo fogo.

13. Além do mais, Deus está mais inclinado a ser misericordioso do que punir. Ora, pelos instrumentos da misericórdia divina, a saber, os sacramentos, alguém involuntário e que resiste não é ajudado, principalmente se for adulto. Logo, pelo instrumento da justiça divina, que é o fogo corpóreo, a alma relutante não receberá a pena; porém, consta que não recebe a pena voluntariamente. Logo, de nenhum modo se pune a alma pelo fogo corpóreo.

14. Além do mais, tudo que padece por algo de algum modo é movido por ele. Ora, a alma não pode ser movida pelo fogo corpóreo por nenhuma espécie de movimento, como é

9. Limbo era concebido comumente na tradição medieval como "lugar" ou "condição" para onde iam as almas dos inocentes, fossem adultos ou crianças, mortos sem o Batismo. O Catecismo da Igreja Católica, n. 1261, aponta para uma atual hermenêutica acerca da misericórdia divina, em que o termo "Limbo" se esvazia da anterior conotação e até mesmo do seu desuso, pois a Igreja entende que essas almas são confiadas à misericórdia divina e que haja um caminho de salvação para as crianças mortas sem Batismo.

10. AGOSTINHO, *Enchiridium*, cap. 93: PL 40, 275.

claro por indução. Logo, a alma não pode padecer pelo fogo corpóreo.

15. Além do mais, tudo que padece por algo se comunica com ele na matéria, como se evidencia em Boécio, no livro *Sobre as duas naturezas na pessoa de Cristo.*[11] Ora, a alma e o fogo corpóreo não se comunicam na matéria. Logo, a alma não pode padecer pelo fogo corpóreo.

Ao contrário

1. É o que se diz em Lc 16,24, sobre o rico posto no inferno apenas segundo a alma: *estou torturado nesta chama.*

2. Além do mais, Gregório diz assim no livro XV da *Moral*[12] sobre Jó 20,26: *o fogo da geena, como é corpóreo e queima em si mesmo corporalmente os réprobos, nem o esforço humano o apaga, nem a madeira o alimenta; mas criado uma vez, dura de modo inextinguível, não causa incêndio, mas não carece de ardor.*

3. Além do mais, Cassiodoro diz no livro *Sobre a alma*[13] que a alma separada do corpo ouve e vê de modo mais eficaz com seus sentidos do que quando está no corpo. Ora, enquanto está no corpo, é afligida sentindo algo corpóreo. Logo, muito mais quando está separada do corpo.

4. Além do mais, assim como a alma é incorpórea, assim também os demônios. Ora, os demônios padecem pelo fogo cor-

11. BOÉCIO, *De duabus naturis in una pesona Christi, Contra Eutiques et Nestotius*, cap. 6: PL 64, 1349 D.

12. GREGÓRIO MAGNO, *Moralia*, cap. 29: PL 75, 1098 D.

13. CASSIODORO, *De anima*, c. 2: PL 70, 1286.

póreo, como fica claro em Mt 25,41: *Apartai-vos de mim, malditos, para o fogo eterno*. Logo, também a alma separada.

5. Além do mais, é maior que a alma seja justificada do que a alma ser punida. Ora, algumas realidades corporais agem na alma para sua justificação, enquanto são instrumentos da misericórdia divina, como fica claro nos sacramentos da Igreja. Logo, algumas realidades corporais podem agir na alma para sua punição, enquanto são instrumentos da justiça divina.

6. Além do mais, o mais ignóbil pode padecer do mais nobre. Ora, o fogo corpóreo é mais nobre do que a alma condenada. Logo, as almas dos condenados podem padecer pelo fogo corpóreo. Prova da proposição média: qualquer ente é mais nobre do que o não-ente. Ora, o não-ser é mais nobre do que a alma dos condenados, como fica claro em Mt 26,24: *melhor seria para aquele homem não ter nascido*. Logo, qualquer ente é mais nobre do que a alma condenada; do mesmo modo, o fogo corpóreo.

Respondo

Respondo, dizendo que, para esclarecer esta questão e as que seguem, é necessário saber o que é propriamente uma paixão. Portanto, deve-se saber que o nome da paixão se toma de dois modos: comumente e propriamente. De fato, comumente se diz paixão a recepção de algo de qualquer modo; e isso seguindo a significação do vocábulo, pois paixão se diz do grego *patin*, que é receber. Propriamente, de fato, diz-se paixão segundo a qual a ação e a paixão consistem num movimento, a saber, enquanto algo é recebido no paciente por via do movimento. E porque todo movimento está entre contrários, é necessário que aquilo que se recebe no paciente seja contrário àquilo que sai do paciente. Contudo, segundo isso que é recebido no paciente, o paciente se assimila ao agente, e é daí que se toma então a acepção de paixão propriamente, em que o agente é contrário ao paciente, e toda paixão sai da substância. No entanto, a paixão desse tipo não se dá senão segundo o movimento de alteração. De fato, nesse movimento local não se recebe algo imóvel, mas o mesmo móvel é recebido em algum lugar. Contudo, no movimento de aumento e diminuição se recebe ou se perde não a forma, mas algo substancial, como o alimento, para cuja adição ou subtração se segue a magnitude ou escassez da quantidade. No entanto, na geração e na corrupção não se dão o movimento nem a contrariedade, a não ser na noção de alteração precedente; e, assim, segundo apenas a alteração se dá propriamente a paixão, na medida em que uma forma contrária é recebida e outra é expelida.

Logo, porque a ação considerada propriamente se dá com certa perda, enquanto que o paciente é mudado da primeira qualidade à contrária; amplia-se o nome de paixão, segundo o uso da fala, de modo que de qualquer maneira diz-se que padece se algo for impedido por isso que lhe competia, tal como se disséssemos que o corpo grave padece, porque se lhe proíbe mover-se para baixo, e que o homem padece se lhe proíbe fazer sua vontade.

Portanto, tomada a paixão do primeiro modo, encontra-se tanto na alma, como em qualquer outra criatura, pois toda criatura tem potencialidade para a mescla, razão pela qual toda criatura subsistente é receptiva de algo. A paixão, porém, considerada no segundo modo, não se encontra senão onde está o movimento e a contrariedade. Contudo, o movimento não se encontra senão nos corpos, e a contrariedade das formas ou das qualidades só se encontra nas realidades geráveis e corruptíveis. Por isso, só desses tipos se pode dizer que padecem propriamente desse modo. Por isso, a alma, por ser incorpórea, não pode sofrer desse modo. E ainda que também receba algo, porém isso não se faz por transmutação de contrário a contrário, mas por simples influxo do agente, como o ar é iluminado pelo Sol. Há, porém, um terceiro modo em que se considera o nome paixão, ou seja, em sentido figurado, a alma pode padecer por esse modo, pela qual sua operação pode ser impedida.

Portanto, alguns que sustentaram que a paixão não pode existir propriamente na alma, disseram que todas as coisas que são ditas nas Escrituras, acerca das penas corporais dos condenados, deveriam ser entendidas metaforicamente; de modo, a saber, que as aflições espirituais, com as quais se castigam os espíritos condenados, significariam penas corporais iguais as que são conhecidas por nós, como o contrário, entendemos os deleites espirituais dos bem-aventurados pelos deleites corporais prometidos nas Escrituras.

E esse tipo de opinião parece que foi de Orígenes[14] e Algazel.[15] Ora, como cremos na ressurreição, não cremos apenas que existirá uma pena para os espíritos, mas também uma para os corpos. Entretanto, os corpos não podem ser castigados, exceto se for com pena corporal. E esta mesma pena, também, deve ser imposta aos espíritos e aos homens depois da ressurreição, como fica claro em Mt 25,41, onde se diz: *Apartai-vos, malditos, para o fogo eterno etc.* E por isso é necessário dizer – como prova Agostinho no livro XXI da *Cidade de Deus* –,[16] que estes mesmos espíritos são igualmente afligidos com penas corpóreas. E não há semelhança entre a glória dos bem-aventurados e a pena dos condenados, porque os beatos são elevados naquilo que excede a sua natureza, por isso são beatificados, pela fruição da divindade; e os condenados são rebaixados naquilo que está abaixo deles, por isso, também, são castigados com tormentos corporais.

E, por isso, outros disseram que a alma separada é afetada, de fato, com certas penas, ainda que não pelas corporais, porém

14. ORÍGENES, *Peri Archon* (*De Principiis*). L. II, c. 10, n. 4: PG 11, 237 A.

15. ALGAZEL, *Metaphysica*. Prop. II, tratados, 5-4 (ed. Muckle, 186 ss). Cfr. PEDRO LOMBARDO, *Libri II Sententiarum*. D. 6, c. 3.

16. AGOSTINHO, *De Civitate Dei*. L XXI, c. 10: PL 41, 724.

semelhante às corporais, em relação às quais são semelhantes àquelas penas pelas quais são afligidos os que dormem. E esse entendimento parece ser a percepção de Agostinho, no livro XII do *Comentário literal ao Gênesis*,[17] e de Avicena.[18] Contudo, isso não pode ser assim. Ora, estas similitudes dos corpos não podem ser aplicadas aos inteligíveis, porque estes são universais e não são tomados em consideração para a pena da alma; ao contrário, é mais justificado tomar os universais para considerar a alegria da alma na consideração da verdade. Em razão do exposto, é necessário que se entenda melhor sobre as semelhanças produzidas pela imaginação, que, de fato, não podem ocorrer senão a partir de uma sensação pelo órgão corporal, como foi provado pelo Filósofo.[19] De fato, isso falta tanto nas almas separadas, quanto nos espíritos dos demônios.

Outros, então, disseram que as almas padecem mesmo quando separadas dos seus corpos. De fato, isso pode ocorrer de diversos modos, segundo a maneira como se considera a questão. Com efeito, alguns dizem que a alma separada usa seus sentidos. Em razão disso, sentindo o fogo corpóreo, a alma é castigada pelo fogo. E isso é o que parece dizer Gregório[20] no livro IV dos *Diálogos*, onde afirma que a alma padece pelo fato mesmo de que vê o fogo. Entretanto, isso parece não ser verdadeiro. De fato, primeiro, porque os atos das potências sensitivas não podem dar-se senão mediante os órgãos corporais. Outro motivo é que as almas sensíveis dos animais seriam incorruptíveis, pois por si teriam suas operações potentes. Segundo, porque, dado que as almas separadas sentiriam, não poderiam ser afetadas pelas realidades sensíveis, pois o sensível é a perfeição do que sente como tal, assim como o inteligível o é do que intelige. Por isso,

17. AGOSTINHO, *Super Genesim ad Litteram*. L. XII, c. 32: PL 34, 480.

18. AVICENA, *Metaphysica*. L. IX, c. 7, f. 107 D.

19. ARISTÓTELES, *De Anima*. L. I, c. 2, 403a8.

20. GREGÓRIO MAGNO, *Dialogorum*. L. IV, c. 29: PL 77, 368 A.

algo sentido ou inteligido não provoca dor ou tristeza como tal, mas enquanto é nocivo, ou apreendido como nocivo. Por isso, é necessário encontrar o modo pelo qual o fogo pode ser nocivo para a alma separada. Nem pode ser como dizem alguns,[21] que, ainda que aquele fogo corpóreo não possa ser nocivo para o espírito, pode ser apreendido como nocivo, o que parece em consonância com o que diz Gregório no livro IV dos *Diálogos*:[22] *porque o Diabo se percebe queimado, queima-se*. Com efeito, não é provável que os demônios, cujo conhecimento está cheio de astúcia, não conheçam muito melhor do que nós sua natureza e o fogo corporal, de modo que creiam falso que o fogo corpóreo possa ser nocivo.

Por isso, deve-se dizer que verdadeiramente, e não só segundo a aparência, os espíritos são afligidos pelo fogo corpóreo. E isso é o que diz Gregório no livro IV dos *Diálogos*:[23] *podemos inferir dos ditos evangélicos que a alma padece não só vivendo o incêndio, mas também padece experimentando-o*. De fato, alguns[24] assinalam que isso ocorre de modo que o fogo corpóreo, como é instrumento da justiça divina, pode agir na alma, ainda que isso não possa dar-se segundo a natureza. Com efeito, existem muitas coisas que não são suficientes por sua própria natureza para realizar algo, mas que podem realizar porque são instrumentos de outro agente como, por exemplo, o fogo elementar não é suficiente para a geração da carne, a não ser como instrumento da potência nutritiva.[25] Ora, isso parece não ser suficiente, pois o instrumento não faz aquela ação que excede a própria natureza, a não ser exercendo alguma ação conatural, como foi dito na objeção.

Assim, pois, é necessário encontrar algum modo pelo qual a alma, de alguma maneira, padeça naturalmente pelo fogo cor-

21. BOAVENTURA, *Super Sententiarum*. L. I, d. 44, Parte II, a. 3, q. 2.
22. GREGÓRIO MAGNO, *Dialogorum*. L. IV, c. 29: PL 77, 368 A.
23. GREGÓRIO MAGNO, *Dialogorum*. L. IV, c. 29: PL 77, 368 A.
24. ALBERTO MAGNO, *Super Sententiarum*. L. IV, d. 44, a 37,
25. ARISTÓTELES, *De anima*. L. II, c. 8, 416 e ss.

póreo. De fato, esse modo pode ser inteligido. Com efeito, a substância incorpórea se une ao corpo de dois modos: de um modo, como forma, enquanto vivifica o corpo; de outro modo, como motor que se une ao móvel, ou o que está localizado ao lugar, por alguma operação, ou por alguma disposição.

Dado que é um único ser o da forma e o daquilo de que ela é forma, a união da substância espiritual com a corporal é pelo modo da forma, e é uma união quanto ao ser. Contudo, nenhum ser do real é autor de seu poder. E, por isso, não está no poder da substância espiritual unir-se ao corpo ou separar-se dele pelo modo da forma, mas isso ocorre pela lei da natureza, ou pelo poder divino. Ora, como a operação do real está no poder do que opera voluntariamente, por isso no poder da natureza espiritual está o de unir-se ao corpo pelo modo de motor ou de localizado, e se separar do corpo segundo a ordem da natureza. Entretanto, o fato de que a substância espiritual, unida desse modo à corporal, esteja retida por ela, impedida e ligada, isso seria para além do poder da natureza. Logo, o fogo corpóreo, agindo como instrumento da divina justiça, faz algo acima da capacidade da natureza, a saber, reter ou ligar a alma.

No entanto, esta mesma união se dá pelo modo referido e é natural. E, assim, a alma separada padece o fogo corpóreo pelo terceiro modo dito acima, enquanto dizemos que ela padece tudo isso, na medida em que ela é impedida em sua própria ação ou de outra coisa que lhe compete.

E Agostinho defende esse modo de paixão no livro XXI da *Cidade de Deus*,[26] dizendo: *por que não dizemos, ainda que os espíritos incorpóreos possam ser afligidos pela pena do fogo corpóreo, porém, de admiráveis e verdadeiros modos o espírito do homem, mesmo quando chegado o mesmo à incorporeidade, poderá ser aderido nos mesmos corporais, e poderá ser atado indissoluvelmente com os vínculos dos corpos? Logo, se aderiram (...) os espíritos*

26. AGOSTINHO, *De Civitate Dei*. L. XXI, c. 10: PL 41, 724.

incorpóreos, os demônios, ao fogo para serem torturados pelos fogos corpóreos – não no sentido de que os fogos aos quais se aderiram venham a ser animados pela união com eles –, mas aderindo-se de modo admirável, recebendo a pena do fogo e não lhe dando a vida.

Gregório defende esse mesmo modo no livro IV dos *Diálogos,*[27] dizendo assim: *enquanto a Verdade coloca o pecador rico condenado no fogo, alguém nega saber que as almas dos réprobos são feridas no fogo?*

Respostas aos argumentos

1. Ao primeiro, portanto, respondo dizendo que não é necessário que o agente seja absolutamente mais simples e superior ao paciente, mas que seja agente. E, assim, o fogo, enquanto age na alma, como instrumento da justiça divina, é superior à alma, ainda que não absolutamente.

2. Respondo, dizendo que naquela paixão e ação há algo natural, como foi dito.

3. Respondo, dizendo que aquela objeção procede em relação à paixão, segundo o modo dito, que é por contrariedade das formas. E isso, neste caso, não pode ocorrer.

4. Respondo, dizendo que Agostinho, no livro XII sobre o *Comentário literal do Gênesis,*[28] nada determina expressamente, mas fala investigando por meio da dúvida. Por isso, não diz absolutamente que as coisas acerca das quais as almas separadas são afetadas não são corporais, mas diz que são semelhantes às corporais. No entanto, fala sob condição, a saber, que se fossem

27. GREGÓRIO MAGNO, *Dialogorum*. L. IV, c. 29: PL 77, 368 B.

28. AGOSTINHO, *Super Genesim ad Litteram*. L. XII, c. 32: PL 34, 480.

desse modo, as almas poderiam ser afetadas ou pela alegria ou pela tristeza. E, de modo semelhante, diz que a alma separada não é levada a um local corporal a não ser com outro corpo; e, acrescentando, diz que isso seria sob separação ou não localmente, a saber, como por medida em relação ao lugar.

5. Respondo, dizendo que, na pena da alma separada deve-se considerar, a saber, o que aflige o primeiro e o próximo. O primeiro, o que aflige, é o próprio fogo corporal, que retém a alma segundo o modo dito antes; mas isso não geraria tristeza na alma, a não ser se isso fosse apreendido pela alma. Por isso, o próximo que aflige é o próprio fogo que retém o apreendido. E esse fogo não é material, mas espiritual e, assim, pode ser verificado o dito por Damasceno.[29] Pode-se dizer também que o fogo não é material, enquanto não pune a alma atuando materialmente, como pune o corpo.

6. Respondo, dizendo que aquele fogo é apreendido como nocivo, enquanto retém ou liga. E, assim, sua visão pode ser aflitiva.

7. Respondo, dizendo que não há, pois, uma proporção do espiritual com o corporal, na medida em que a proporção considerada propriamente, segundo determinada disposição da quantidade para quantidade, ou da dimensão para a dimensão, ou da potência para a potência como, por exemplo, dois corpos são proporcionais entre si conforme a dimensão e a potência, pois a potência da substância espiritual não é do mesmo gênero que a potência corporal. Contudo, se for considerada a proporção num sentido extenso, como qualquer disposição, assim há alguma proporção do espiritual para com o corporal, pela qual o

29. JOÃO DAMASCENO, *De fide orthodoxa*. L. IV, c. 27: PG 94, 1228 A.

espiritual pode atuar naturalmente no corporal, ainda que não o inverso, a não ser pelo poder divino.

8. Respondo, dizendo que o instrumento exerce a ação instrumental, enquanto é movido pelo agente principal, movimento pelo qual o instrumento participa de alguma potência do agente principal, mas não de modo que aquela potência esteja no instrumento, segundo o ser perfeito, porque o movimento é ato imperfeito. Contudo, a objeção procede se alguma potência perfeita no instrumento requeresse a ação instrumental para agir.

9. Repondo, dizendo que a alma do pecador é mais nobre absolutamente do que qualquer potência corporal, segundo sua natureza. No entanto, segundo a culpa, ela se torna mais indigna do que o fogo corporal, não absolutamente, mas como instrumento da justiça divina.

10. Respondo, dizendo que aquele fogo causa dano à alma, não de maneira que lhe tire absolutamente alguma forma inerente, mas enquanto a impede de sua ação livre, como foi dito, retendo-a.

11. Respondo, dizendo que nas crianças, por causa da falta da graça, há apenas a carência da visão divina sem algum impedimento ativo contrário. Contudo, os condenados no inferno não estão apenas privados da visão divina pela falta da graça, mas também impedidos como que pelo contrário. E é por isso que estão ocupados com as penas corporais.

12. Respondo, dizendo que a alma não padece por parte do fogo como se fosse alterada por ele, mas pelo referido modo dito acima no corpo do artigo.

13. Respondo, dizendo que o voluntário é próprio da noção de justiça, porém não da noção de pena, e pelo contrário, o voluntário se opõe antes à noção de pena. E, por isso, os instrumentos da divina misericórdia, que são para justificar, não agem na alma que resiste; mas os instrumentos da justiça divina, que são para castigar, atuam na alma que resiste.

14. Respondo, dizendo que aquela objeção procede da paixão propriamente dita, que consiste no movimento acerca do qual agora não falamos.

15. Respondo, dizendo que, para que se dê a paixão, propriamente falando, é necessário que algo tenha uma natureza unida por contrariedade à substância, como foi dito no corpo do artigo. E, para que haja o movimento da paixão é necessário que haja uma matéria comum. Contudo, algo pode padecer por algo com o qual não se comunica na matéria, como ocorre, por exemplo, com os corpos inferiores em relação aos que padecem pelo Sol. E algo, de algum modo, pode ainda padecer sem ter de nenhum modo a matéria, como ficou claro pelo que foi dito antes.

Respostas aos contrários

De fato, como as objeções que estão em contrário concluem de alguma maneira o verdadeiro, todavia não concluem verdadeiramente, deve-se lhes responder.

1. Respondo, dizendo que Agostinho mostra que aquela prova é inválida, no livro XXI da *Cidade de Deus*:[30] *de fato, diria que os espíritos privados de seu corpo arderam como ardia no inferno aquele rico quando dizia: sou atormentado pelas chamas. Mas não se veria que pudesse responder convenientemente, se aquelas*

30. AGOSTINHO, *De Civitate Dei*. L. XXI, c. 10: PL 41, 725.

chamas não eram tais quais eram os olhos que se levantaram para ver Lázaro, qual era a língua pela qual desejava que lhe infundisse uma exígua gota de água, qual era o dedo de Lázaro com o qual pedia que lha levasse, porém ali estavam as almas sem os corpos, e as chamas pelas quais eram atormentadas se podem entender como incorpóreas. E, assim, fica claro que aquela autoridade não é eficaz para provar o propósito, a não ser que se acrescente algo.

2. Respondo, dizendo que o fogo do inferno queima corporalmente as substâncias incorpóreas por parte do agente, mas não por parte do que padece. Ora, também desse modo, queimará os corpos dos condenados.

3. Respondo, dizendo que o argumento de Cassiodoro não parece ter verdade, se ele fala dos sentidos externos. Ora, para isso que se verifica, é necessário entender dos sentidos internos espirituais.

4. Respondo, dizendo que àquela autoridade pode ser respondido assim: que é fogo espiritual, a não ser que não possam ser castigados os corpos dos condenados por tal fogo. Por isso, esse argumento prova suficientemente o propósito.

5. E, de modo semelhante, segue-se que procede por semelhança.

6. Ao último respondo, dizendo que a alma condenada, enquanto é certa natureza, é melhor do que o não-ente. Ora, enquanto esteja sujeita à miséria e à culpa, entende-se a palavra do Senhor, que seria melhor para ela não existir.

Artigo 2

Segundo, pergunta-se de que modo a alma unida ao corpo padece[31]

E parece que não padece por acidente.

31. Outros lugares: *Super Sent.* III, d. 15, q. 2, a. 1, qc. 2; *Sum. Theo.* I-II, q. 22, a. 1.

Argumentos

1. Com efeito, como se diz no livro *Sobre o espírito e a alma*:[32] *por causa da amizade entre o corpo e a alma, a alma unida ao corpo não pode ser livre e não pode morrer, porém pode temer a morte*. Ora, temer é certo padecer. Logo, a alma padece, em si mesma, enquanto está unida ao corpo, porque a ela convém o corpo unir-se por si para que não possa morrer.

2. Além do mais, tudo que dá perfeição a outro é melhor do que ele. Ora, o corpo dá perfeição à alma, pois a alma se une ao corpo para que esse lhe aperfeiçoe. Logo, o corpo é superior à alma. Assim, pois, a alma pode padecer por si, mediante o corpo ao qual se une.

3. Além do mais, a alma se move segundo o lugar, por acidente; pois a alma está por acidente no lugar, no qual o corpo

32. *De Spiritu et anima*, c. 14: PL 40, 789.

está por si. Ora, a forma ou a qualidade que existem por si no corpo não parecem existir na alma por acidente. Logo, como a paixão é segundo a forma ou a qualidade, porque é segundo o movimento de alteração, parece que a alma não pode padecer no corpo por acidente.

4. Além do mais, o mover-se por acidente se distingue do mover-se segundo uma parte, como fica claro no livro V da *Física.*[33] Ora, a alma é parte do composto, que se move por si, como fica claro no livro I *Sobre a alma.*[34] Logo, não se deve dizer que a alma se move por acidente, mas como parte em relação ao movimento do todo.

5. Além do mais, aquilo que é por si é anterior àquilo que é por acidente. Ora, nas paixões da alma, é primeiro o que é da parte da alma, antes do que o que é da parte do corpo, porque pela apreensão e pelo apetite da alma se muda o corpo, como fica claro na ira, no temor e outras coisas semelhantes. Logo, não se deve dizer que nessas paixões a alma padeça por acidente e o corpo por si.

6. Além do mais, em qualquer coisa é mais principal aquilo que é formal nesta coisa, do que o que é material nela. Ora, nas paixões da alma, o que é por parte da alma é formal. Contudo, o que é por parte do corpo é material. Com efeito, esta é a definição formal de ira: *a ira é o apetite de vingança*. Esta é, pois, a definição material de ira: *a ira é a chegada do sangue ao coração*. Logo, nessas paixões, é mais principal o que é por parte da alma, do que o que é por parte do corpo. E, assim, o mesmo que antes.

33. ARISTÓTELES, *Physica*. L. V, c. 1, 224a16-34.

34. ARISTÓTELES, *De Anima*. L. I, c. 10, 408b34 e ss.

7. Além do mais, assim como a alegria e a tristeza, as paixões da alma desse tipo não estão na alma sem o corpo, assim também nem o sentir. Ora, não se diz que a alma sinta por acidente. Logo, nem se deve dizer que a alma padeça por acidente.

Ao contrário

1. A paixão é certo movimento segundo a alteração, como foi dito, tomando propriamente a paixão. Ora, a alma não se altera, a não ser por acidente. Logo, nem padece, a não ser por acidente.

2. Além do mais, as potências da alma não são mais perfeitas do que a própria substância da alma. Ora, segundo o Filósofo no livro I *Sobre a alma*,[35] não se perdem as potências por si, mas apenas pela falta do corpo. Logo, nem a alma padece por si, mas apenas por acidente.

3. Além do mais, tudo que se move por si é divisível, como se prova no livro VI da *Física*.[36] Ora, a alma é indivisível. Logo, não é movida por si. E, assim, nem padece por si.

Respondo

Respondo, dizendo que, tomando propriamente a paixão, é impossível que algo incorpóreo padeça, como foi dito acima no artigo anterior. Logo, aquilo que por si padece, no sentido próprio de paixão, é o corpo. Logo, se a paixão propriamente dita pertence à alma de algum modo, isso não se dá senão na medida em que se une ao corpo e, assim, será por acidente. Contudo,

---

35. ARISTÓTELES, *De Anima*. L. I, c. 10, 408b18.

36. ARISTÓTELES, *Physica*. L. VI, c. 4, 234b10.

a alma se une ao corpo de dois modos: um modo como forma, enquanto dá o ser ao corpo, vivificando-o; outro modo como motor, enquanto exerce suas operações pelo corpo. Em ambos os casos, a alma padece por acidente, mas de modo diverso. De fato, aquilo que é composto de matéria e forma, assim como quando age por razão da forma, também padece em razão da matéria. E é por isso que a paixão começa a partir da matéria e, de certo modo, pertence à forma por acidente. Assim, pois, a paixão do paciente deriva do agente, porque a paixão é efeito da ação.

Portanto, a paixão do corpo é atribuída à alma por acidente de dois modos. Um modo, enquanto a paixão começa no corpo e termina na alma, segundo o qual se une ao corpo como forma. E essa é certa paixão corporal como, por exemplo, quando o corpo é ferido, a união do corpo com a alma é debilitada, e, assim, a própria alma padece por acidente, que se une ao corpo segundo seu ser. Outro modo, na medida em que começa na alma, enquanto é motor do corpo e termina no corpo. E essa se diz paixão animal como, por exemplo, fica claro na ira e no temor e em outras paixões desse tipo, pois tais paixões ocorrem pela apreensão e apetite da alma, às quais se segue a transmutação do corpo, tal como a transmutação do móvel segue a operação do motor segundo todo o modo no qual o móvel se dispõe a obedecer à moção do motor. E, assim, transmudado o corpo por alguma alteração, diz-se que a própria alma padece por acidente.

Respostas aos argumentos

1. Respondo, portanto, dizendo que a alma não teme a morte, enquanto ela mesma morra em si, mas teme a morte daquilo a que está unida, pois teme por sua separação do corpo. E se teme sua própria morte, isso não se dá senão enquanto duvida se pela corrupção do corpo a alma se corrompe ou não por acidente. Disso se segue, que a morte da própria alma, nem por si, pode convir-lhe. E nem mesmo a paixão do temor pode convir-lhe sem a união com o corpo.

2. Respondo, dizendo que a alma, ainda que seja aperfeiçoada no corpo, como prova Agostinho, no livro XII do *Comentário literal ao Gênesis*,[37] isso, todavia, não significa que seja aperfeiçoada pelo corpo. Ora, ou é aperfeiçoada por Deus ou se aperfeiçoa por si mesma, na medida em que é condescendente com o apoio do corpo como, por exemplo, pela potência do intelecto agente se aperfeiçoa o intelecto possível, com a ajuda das espécies sensíveis, que pelo próprio intelecto agente se tornam inteligíveis em ato.

3. Respondo, dizendo que, ainda que a qualidade do corpo de nenhum modo convenha à alma, porém o ser unido é comum tanto ao corpo quanto à alma e, de modo semelhante, à operação. Disso se segue que a paixão do corpo redunda por acidente na alma.

4. Respondo, dizendo que a paixão não ocorre da união da alma com o corpo, a não ser por causa do corpo. Disso se segue que não ocorre na alma, senão por acidente. No entanto, o raciocínio procede se a paixão convier ao todo, em razão do todo, e não em razão de alguma parte.

5. Respondo, dizendo que a ira, e de modo semelhante qualquer paixão da alma, pode ser considerada de dois modos: um modo, segundo a própria noção de ira e, assim, primeiro existe na alma do que no corpo; outro modo, enquanto é paixão: e, assim, está antes no corpo, pois é ali onde se dá primeiro a

37. AGOSTINHO, *Super Genesim ad Litteram*. L. XII, c. 16: PL 34, 467.

razão da paixão. E por isso não dizemos que a alma se ira por acidente, mas que padece a ira por acidente.

6. E por isso fica clara a solução ao sexto.

7. Respondo, dizendo que não se diz que a alma sente por acidente pela mesma razão pela qual não se alegra, ainda que se diga que padeça por acidente.

Artigo 3

Terceiro, pergunta-se se a paixão está apenas no apetite sensitivo[38]

E parece que não.

38. Outros lugares: *Super Sent.* III, d. 15, q. 12, a. 1, qc. 2 e IV, d. 49, q. 3, a. 1, qc. 2, ad 1; *Super Dion. De div. nom.,* cap. 2; *Sum. Theo.* I, q. 20, a. 1, ad 1 e I-II, q. 22, a. 2 e 3; *Super Ethic.* II, l. 5.

Argumentos

1. Com efeito, Cristo padecia segundo toda a sua alma, como fica claro pelo que se lê em Sl 87,4: *minha alma está cheia de males*; que a Glosa[39] expõe em relação às paixões. Contudo, a totalidade da alma pertence às potências. Logo, pode haver paixão em qualquer potência da alma, e assim não apenas no apetite sensitivo.

2. Além do mais, todo movimento ou operação que convém à alma, segundo ela mesma, sem o corpo, está na parte intelectiva e não na parte sensitiva. Ora, assim como diz Agostinho no livro XIV da *Cidade de Deus*,[40] *não só a carne afeta a alma, de modo que deseje, tema, alegre-se, conheça; mas também por si mesma pode ser agitada por esse movimento*. Logo, as paixões desse modo não estão apenas na parte apetitiva sensitiva.

---

39. Glosa de PEDRO LOMBARDO, PL 191, 811 D.

40. AGOSTINHO, *De Civitate Dei*. L. XIV, c. 5: PL 41, 409.

3. Além do mais, a vontade é da parte intelectiva, como se diz no livro III *Sobre a Alma*:[41] *a vontade está propriamente em todas as paixões, a saber, no temor, na alegria, e nas outras semelhantes; inclusive todas elas não são outra coisa que a vontade: pois que é a cupidez e a alegria senão a vontade no consentir daquelas coisas que queremos? E que é o medo e a tristeza senão a vontade na dissensão daquelas coisas que não queremos?* Logo, as paixões desse tipo estão na parte intelectiva.

4. Além do mais, a mesma potência não é própria do agir e do padecer. Ora, parece que o sentido é a potência ativa, pois se diz que o basilisco se matou ao ver-se,[42] e a mulher menstruada corou ao ver o espelho, como é claro no livro *Sobre o sonho e a vigília.*[43] Logo, na parte sensitiva não se deve colocar a paixão da alma.

5. Além do mais, a potência ativa é mais nobre do que a passiva. Ora, as potências vegetativas são ativas, em relação às quais as potências sensitivas são mais nobres. Logo, as sensitivas são ativas. E, assim, o mesmo que antes.

6. Além do mais, as potências racionais são relativas aos opostos, segundo o Filósofo.[44] Contudo, o deleite se opõe à tristeza. Logo, como na parte intelectiva se dá propriamente o deleite, como fica claro no livro VII e X da *Ética*,[45] parece que ali se dá tristeza. E, assim, as paixões podem se dar na parte intelectiva.

7. Mas se poderia dizer que as palavras do Filósofo devem ser entendidas sobre os atos opostos. – Mas, ao contrário, a ciên-

41. ARISTÓTELES, *De Anima*. L. III, c. 14, 432b5.
42. ISIDORO DE SEVILLA, *Etymologias*. L. XII, c. 4, n.6: PL 82, 443 A.
43. ARISTÓTELES, *De Somno et vigila*, c. 2, 459b27.
44. ARISTÓTELES, *Metaphysica*. L. IX, c. 2, 1046b4.
45. ARISTÓTELES, *Ethica Nicomachea*. L. VII, c. 12, 1152b33; *Ibidem*, L. X, c. 6, 1174b20.

cia e a ignorância, que são opostas, estão na parte intelectiva da alma e, porém, não são atos. Logo, as palavras do Filósofo não devem ser entendidas só sobre atos.

8. Além do mais, segundo o Filósofo no livro II da *Física*,[46] um mesmo é causa dos seus contrários, por sua ausência e presença, assim como o capitão é a causa do naufrágio por sua ausência e a da segurança do navio por sua presença. Ora, o inteligível presente causa o prazer na parte intelectiva. Logo, o inteligível ausente causa a tristeza na parte intelectiva. E, assim, o mesmo que antes.

9. Além do mais, diz Damasceno[47] no livro II, que *a dor não é paixão, mas a sensação da paixão*. Logo, está na potência sensitiva e não na apetitiva; e pela mesma razão, o deleite e as outras coisas que são ditas paixões da alma.

10. Além do mais, segundo Damasceno[48] no livro II e segundo o Filósofo no livro II da *Ética*,[49] a paixão é isso a que segue a alegria e a tristeza. Logo, as paixões da alma precedem à alegria e à tristeza. Ora, a alegria e a tristeza estão na parte apetitiva. Logo, as paixões da alma estão nessa parte que precede à apetitiva. Portanto, as paixões da alma estão na parte apreensiva, que precede à apetitiva.

11. Além do mais, como nas operações da apetitiva sensitiva o corpo muda, assim também nas operações da apreensiva sensitiva. Logo, a paixão não está só na apetitiva, mas na apreensiva.

46. ARISTÓTELES, *Physica*. L. II, c. 5, 195a11.
47. JOÃO DAMASCENO, *De Fide Orthodoxa*. L. II, c. 22: PG 94, 940 D.
48. JOÃO DAMASCENO, *De Fide Orthodoxa*. L. II, c. 22: PG 94, 940 D.
49. ARISTÓTELES, *Ethica Nicomachea*. L. II, c. 3, 1104b14; e L. II, c. 5, 1105b21.

12. Além do mais, a paixão, propriamente falando, é por afastamento de algo e por recepção do contrário. Ora, isso ocorre na parte intelectiva, pois isso prescinde da culpa e se recebe a graça. Assim, prescinde-se o hábito da luxúria, e é induzido ao hábito da castidade. Logo, a paixão está propriamente na parte superior da alma.

13. Além do mais, o movimento da parte apetitiva sensitiva segue à apreensão do sentido. Ora, às vezes, as paixões da alma desse tipo são estimuladas em nós por alguns objetos que não podem ser apreendidos pelo sentido como, por exemplo, a vergonha do ato torpe, o temor do furto. Logo, as paixões desse tipo não podem estar na parte apetitiva sensitiva. E, assim, resta que estejam na parte apetitiva racional, a saber, na vontade.

14. Além do mais, entre outras paixões da alma se encontra a esperança. Ora, a esperança está na parte intelectiva, porque os santos Padres que estavam no Limbo tinham esperança. Ora, o movimento da parte sensitiva não permanece na alma separada. Logo, as paixões estão na parte intelectiva da alma.

15. Além do mais, a imagem está na parte intelectiva. Ora, a alma padece segundo as potências da imagem, porque as potências da imagem, que agora são aperfeiçoadas pela graça, no estado da glória, serão aperfeiçoadas pela glória da fruição. Logo, a paixão não está apenas na parte apetitiva sensitiva da alma.

16. Além do mais, segundo Damasceno,[50] a paixão é o movimento de um a outro. Ora, o intelecto se move de um a outro, procedendo dos princípios às conclusões. Logo, no intelecto há paixão. E, assim, o mesmo que antes.

50. JOÃO DAMASCENO, *De Fide Othodoxa*. L. II, c. 22: PG 94, 941 A.

17. Além do mais, o Filósofo, no livro III *Sobre a alma*,[51] diz que inteligir é certo padecer. Ora, inteligir está no intelecto. Logo, a paixão está no intelecto.

18. Além do mais, Dionísio diz sobre Hieroteo, no capítulo II no livro *Sobre os nomes divinos*,[52] que: *padecendo as coisas divinas aprende as coisas divinas*. Ora, não pode padecer as coisas divinas segundo a parte sensitiva, que não é capaz das coisas divinas. Logo, a paixão não está apenas na parte sensitiva. E, assim, não está apenas no apetite sensitivo.

19.[53] Além do mais, em relação àquilo que inere na alma por acidente, não se deve ordenar alguma potência determinada da alma, pois dessas coisas que são por acidente não há nem ciência nem potência determinada. Ora, a alma não padece a não ser por acidente. Logo, a paixão não está em alguma potência determinada. E, assim, não está só no apetite sensitivo.

Ao contrário

1. É o que diz Damasceno no livro II: *a paixão é o movimento da virtude apetitiva na imaginação do bem ou do mal*;[54] e também: *a paixão é o movimento da alma irracional por suspeita do bem ou do mal.*[55] Logo, a paixão está só na parte apetitiva irracional.

51. ARISTÓTELES, *De anima*. L. III, c. 4, 429b24.
52. PSEUDO-DIONÍSIO, *De Divinis Nominibus*. Cap. 2, parágrafo 9: PG 3, 648 B.
53. Esta objeção consta apenas em algumas edições, como a disponível no site: <http://docteurangelique.free.fr/>.
54. JOÃO DAMASCENO, *De Fide Orthodoxa*. L. II, c. 22: PG 94, 940 D.
55. JOÃO DAMASCENO, *De Fide Orthodoxa*. L. II, c. 22: PG 94, 940 D.

2. Além do mais, a paixão, falando propriamente, é segundo o modo de alteração, como foi dito no artigo 1. Ora, a alteração não se dá senão na parte da alma sensitiva, como se prova no livro VII da *Física.*[56] Logo, a paixão não está senão na parte sensitiva.

Respondo

Respondo, dizendo que a paixão, propriamente falando, não está senão na parte apetitiva sensitiva, como aparece nas duas definições de paixão postas por Damasceno e por Gregório de Nissa. O que fica claro assim, pois paixão se diz de três modos, como foi dito.

Um modo, comumente considerado, afirma que todo receber é padecer. E, assim, a paixão está em qualquer parte da alma, não, porém, apenas na apetitiva sensitiva. Com efeito, tomando a paixão desse modo, diz o Comentador no livro *Sobre a alma*,[57] que todas as potências da alma vegetativa são ativas, porém, todas as potências da alma sensitiva são passivas. Contudo, as potências da parte racional são, em parte, ativas por causa do intelecto agente e, em parte, passivas por causa do intelecto possível. No entanto, esse modo de considerar a paixão, ainda que convenha às potências apreensivas e às apetitivas, compete mais às apetitivas, porque como a operação da apreensiva está na realidade apreendida, na medida em que está no que apreende, a operação, porém, da apetitiva se dá até a realidade, enquanto é considerada em si mesma. O que se recebe na apreensiva tem menos da propriedade da realidade apreendida do que isso que se recebe na apetitiva, sobre a razão da realidade apetecível. Disso se segue que o verdadeiro, que aperfeiçoa a inteligência, está na mente,

56. ARISTÓTELES, *Physica*. L. VII, c. 6, 248b27.

57. AVERRÓIS, *De Anima*. L. II, comentário 51-52; L. III, comentário 4.

mas o bem, que aperfeiçoa, o apetite, está nas realidades, como se diz no livro VI da *Metafísica.*[58]

Outro modo, a paixão se diz propriamente, o que consiste no afastamento de um contrário e da recepção de outro, por via de transmutação; e este modo de paixão não pode convir à alma senão pelo corpo, e isso de dois modos.

Um modo, enquanto se une ao corpo como forma. E, assim, se compadece com o corpo que padece uma paixão corporal. Outro modo, enquanto se une ao corpo como motor. Assim, pois, a partir da operação da alma se realiza a transmutação no corpo, que se denomina paixão animal, como dito anteriormente no artigo 1. Assim, pois, a referida paixão corporal pertence às potências, na medida em que tem a sua raiz na essência da alma; e é por isso que a alma é a forma do corpo por sua essência. E, assim, pertence, em primeiro lugar, à essência da alma. Contudo, essa paixão pode ser atribuída a alguma potência, de três modos.

Um modo, quando se radica na essência da alma. Assim, pois, como todas as potências se radicam na essência da alma, a todas as potências pertence tal paixão.

Outro modo, na medida em que, por lesão do corpo, são impedidos os atos das potências. E, assim, tal paixão pertence a todas as potências que usam órgãos corporais, dos quais todos os atos são impedidos se for lesionado o órgão, mas isso apenas indiretamente. E esse modo pertence também às potências que não usam órgãos corporais, a saber, as intelectivas, enquanto tomam das potências que usam dos órgãos. Do que se segue, que se for lesionado o órgão da potência imaginativa, a operação do intelecto fica impedida, justamente por causa disso: o que o intelecto requer das imagens sensíveis em sua operação.

O terceiro modo, a paixão, pertence a alguma potência enquanto esta a apreende. E, assim considerada propriamente, pertence ao sentido do tato, pois o tato é o sentido das coisas das

58. ARISTÓTELES, *Metaphysica*. L. VII, c. 4, 1027b25.

quais o animal se compõe e, de modo semelhante, dessas coisas pelas quais o animal se corrompe. No entanto, a paixão animal, como por ela se transmuda o corpo pela operação da alma, naquela potência deve existir unido um órgão corporal, e do qual é próprio que se transmude o corpo. E, por isso, a paixão não está na parte intelectiva, onde não há algum ato do órgão corporal. Nem também está na parte apreensiva sensitiva, porque da apreensão do sentido não se segue o movimento no corpo, senão mediante a apetitiva, que é movida imediatamente. Por isso, segundo o modo de sua operação, dispõe-se imediatamente o órgão corporal, a saber, o coração, por isso ele é o princípio do movimento, com tal disposição que lhe compete para tratar de atingir isso ao qual o apetite sensitivo se inclina. Assim, pois, o coração na ira ferve, mas no temor, de certo modo, resfria-se e se contrai. Deste modo, a paixão animal se encontra propriamente apenas na parte apetitiva sensitiva. Com efeito, consta que as potências da alma vegetativa, ainda que não façam uso de órgão, não são passivas, mas ativas. Contudo, a paixão compete mais propriamente às potências apetitivas do que às apreensivas, como foi dito no princípio. E esta é uma razão pela qual a potência apetitiva sensitiva é sujeito da paixão mais propriamente do que a potência apreensiva sensitiva, como também a própria potência afetiva superior se aproxima mais da própria noção da paixão do que a intelectiva.

No entanto, segundo o terceiro modo, a paixão se dizia como o sentido de transposição, na medida em que algo de qualquer modo seja impedido disso que é conveniente a ele. Desse modo, as potências da alma padecem assim como são impedidas dos próprios atos. De fato, o que acontece de alguma maneira em todas as potências da alma, como foi dito. Contudo, agora falamos da paixão animal propriamente dita, que, como foi mostrado, encontra-se apenas na potência apetitiva sensitiva.

Respostas aos argumentos

1. Respondo, portanto, dizendo que toda a alma de Cristo padecia com a paixão corporal. Assim, pois, aquela paixão pertence a todas as potências, ao menos enquanto se radica na essência da alma. Contudo, não como se a paixão animal estivesse em qualquer potência de sua alma como no próprio sujeito.

2. Respondo, dizendo que Agostinho[59] fala contra certos platônicos, que diziam que todas essas paixões tinham como princípio a carne. Contudo, Agostinho mostra que, se a carne não estivesse corrupta em nada, essas paixões poderiam ter como princípio a alma. E, por isso, não diz que se aperfeiçoem as paixões desse tipo sem a carne, mas que a alma se aflige nessas paixões, não só pela carne.

3. Respondo, dizendo que Agostinho ou toma de modo amplo o nome da vontade por qualquer objeto, ou toma o temor e o gozo e outras coisas desse tipo como atos da vontade, à semelhança das paixões que existem no apetite sensitivo. Com efeito, como foi dito na questão *Sobre a sensualidade*,[60] questão precedente, artigo 3, também na mesma vontade, de algum modo, há alegria e tristeza e outras coisas semelhantes. No entanto, não de maneira que sejam paixões propriamente falando. Ou se pode dizer que Agostinho nomeia vontades a essas paixões, na medida em que o homem é induzido até essas paixões pelo ato da vontade, de acordo com o que o apetite inferior segue da inclinação do apetite superior, como foi dito na questão *Sobre a sensualidade.*[61] Por essa razão, Agostinho mesmo acrescenta

59. AGOSTINHO, *De Civitate Dei*. L. XIV, c. 5: PL 41, 408.
60. TOMÁS DE AQUINO, *De Veritate*, q. 25, a. 3.
61. TOMÁS DE AQUINO, *De Veritate*, q. 25, a. 4.

depois: *como a vontade do homem é seduzida ou ofendida, assim se muda e se verte até esses ou aqueles afetos.*

4. Respondo, dizendo que o sentido não é uma potência ativa, mas passiva. Com efeito, não se diz potência ativa aquela que tem algum hábito que é uma operação, pois, assim, toda potência da alma seria ativa. Diz-se, porém, que a potência ativa é aquela que se compara a seu objeto como o agente se compara ao paciente. Contudo, o sentido se compara ao sensível, assim como o paciente ao agente. E é por isso que o sensível muda o sentido. No entanto, que o sensível, às vezes, seja mudado pelo sentido, isso se dá por acidente, na medida em que o mesmo órgão do sentido tem alguma qualidade pela qual é natural que mude algum corpo. Por isso, aquela infeção pela qual a mulher menstruada fica corada diante do espelho, ou pela qual o rei foi morto ao ver o basilisco, nada confere à visão. Entretanto, a visão se aperfeiçoa mediante isso, que as espécies visíveis são recebidas na visão, que é certo padecer. Por isso, o sentido é potência passiva. Dado, também, que o sentido faz algo ativamente, disso não se segue que no sentido não possa ter alguma paixão, pois nada impede que em relação a diversos assuntos uma mesma coisa seja ativa e passiva. Dado, também, que se o sentido, que se chama potência apreensiva, não fosse capaz de nenhuma paixão, nem por isso se excluiria que na apetitiva sensível não pudesse haver paixão.

5. Respondo, dizendo que, ainda que o ativo seja absolutamente mais nobre do que o passivo em relação ao ativo, nada impede que algo passivo seja mais nobre do que o ativo, enquanto o passivo padece por uma paixão que seja mais nobre do que a ação pela qual o que é ativo atua como, por exemplo, a paixão pela qual o intelecto possível se diz potência passiva. E, do mesmo modo, também o sentido, recebendo algo imaterialmente, é de ação mais nobre do que ação pela qual a potência vegetativa age materialmente, isto é, mediante as qualidades elementares.

6. Respondo, dizendo que aquele deleite que está na parte intelectiva por união do inteligível conveniente não é algo contrário, porque seria necessário que aquele inteligível conveniente fosse algo contrário, o que será causa do contrário. Contudo, isso não pode ocorrer, porque nada é contrário à espécie inteligível, pois as espécies dos contrários não são contrárias à alma, como se diz no livro X da *Metafísica.*[62] Por isso, o homem se deleita não só porque intelige o bem, mas também porque intelige o mal, enquanto intelige. Com efeito, o mesmo inteligir o mal é bem do intelecto. Assim, pois, o deleite intelectual não tem contrário. Porém, diz-se, comumente falando, que a tristeza ou a dor estão na parte intelectiva, enquanto o intelecto intelige algo nocivo para o homem, o que repugna a vontade. E isso porque aquele nocivo não é nocivo ao intelecto, enquanto é o que intelige. Por isso, aquela tristeza ou dor não contrariam o deleite do intelecto; o que é conveniente ao intelecto, enquanto intelige.

7. Respondo, dizendo que a potência racional, de algum modo, refere-se aos contrários que lhe são próprios e, de algum modo, comuns a si e a todas as outras potências. Com efeito, que a potência racional seja sujeito dos acidentes contrários, isso é comum a si e às outras potências, porque de todos os contrários o sujeito é o mesmo, mas o que se refere às ações contrárias, isso lhe é próprio, pois as potências naturais estão determinadas a um. E, assim, fala o Filósofo[63] que as potências racionais são relativas aos opostos.

8. Respondo, dizendo que a ausência do capitão não é causa do naufrágio do navio a não ser por acidente, enquanto, a saber, remove a providência do capitão, pela qual impede o

62. ARISTÓTELES, *Metaphysica.* L. VII, c. 6, 1032b2.

63. ARISTÓTELES, *Metaphysica.* L. IX, c. 2, 1046b5.

naufrágio do navio. E, de modo semelhante, a remoção ou a ausência do inteligível não é causa da tristeza, mas do não deleitar. Com efeito, os efeitos são proporcionados segundo a proporção das coisas. Por isso, inteligir e não ingeligir, que se opõem de algum modo por contraditório, são causa do deleitar e do não deleitar, que, de modo semelhante são contrários, não, porém, de deleitar e de entristecer, que são contrários. Contudo, se se toma isso que é contrário ao conhecimento da verdade, a saber, o erro, não pode ser causa da tristeza, porque ou o erro é estimado como verdade – e assim o erro deleita assim como também a verdade –, ou é conhecido que é erro, o que não ocorre senão conhecendo a verdade. Assim, pois, também o erro produz o deleite ao entender.

9. Respondo, dizendo que a tristeza e a dor diferem deste modo: que a tristeza é certa paixão animal, a saber, que começa na apreensão do nocivo e termina na operação do apetite e, depois, na mudança do corpo. Contudo, a dor é segundo a paixão corporal. Por isso diz Agostinho, no fim do capítulo VII do livro XIV da *Cidade de Deus*,[64] que a dor se diz mais usualmente dos corpos. Por essa razão, começa na lesão do corpo e termina na apreensão do sentido do tato, pelo qual a dor está no sentido do tato como no que apreende, como foi dito no corpo do artigo.

10. Respondo, dizendo que tanto o Filósofo quanto Damasceno dizem também que a alegria e a tristeza seguem à paixão, mas sobre outro entendimento. Com efeito, Damasceno e Gregório de Nissa propõem o mesmo argumento, falando da paixão corporal, que uma vez apreendida causa a alegria ou a tristeza e, sempre, ao ser experimentada, causa dor. Contudo, o Filósofo, no livro II da *Ética*, fala sem dúvida das paixões animais, querendo dizer que todas as paixões da alma seguem a alegria e a

64. AGOSTINHO, *De Civitate Dei*. L. XIV, c. 7: PL 41, 411.

tristeza. A razão disso é que entre todas as paixões das potências concupiscíveis, que são causadas da consecução do conveniente ou do nocivo, a alegria e a tristeza têm o último lugar. No entanto, todas as paixões irascíveis terminam nas paixões concupiscíveis, como foi dito na questão *Sobre a sensualidade*,[65] artigo 3, no corpo do artigo. Por isso, resta que todas as paixões da alma terminem na alegria e na tristeza. Contudo, em nenhum dos dois sentidos se segue que as paixões estão na potência apreensiva, porque a paixão corporal está na mesma natureza do corpo. Ora, as paixões animais estão na mesma parte apetitiva em que estão a alegria e a tristeza, mas quanto a seus atos anteriores. Entretanto, se não existisse ordem nos atos da apetitiva, das palavras do Filósofo se seguiria que as paixões animais não estão na apetitiva, onde estão a alegria e a tristeza, mas na apreensiva.

11. Respondo, dizendo que nem o sentido nem alguma potência apreensiva movem imediatamente, mas apenas mediante a apetitiva. E, por isso, em ordem à operação da potência apreensiva sensitiva, o corpo não é mudado quanto às disposições materiais, a não ser que sobrevenha o movimento da apetitiva, que segue imediatamente a mudança do corpo dispondo-se a obedecer. Por isso, ainda que a apreensiva sensitiva seja mudada simultaneamente com o órgão corporal, não há ali paixão propriamente falando, porque na operação do sentido não é mudado o órgão corporal, por assim dizer, a não ser pela mudança espiritual, na medida em que as espécies sensíveis são recebidas nos órgãos dos sentidos sem a matéria, como se diz no livro II *Sobre a alma*.[66]

12. Respondo, dizendo que, ainda que na parte intelectiva algo prescinda de algo e se recebe algo, isso, porém, não

65. TOMÁS DE AQUINO, *De Veritate*, q. 25, a. 3.

66. ARISTÓTELES, *De Anima*. L. II, c. 24, 424a17.

ocorre por via de mudança, de maneira que produza continuamente recepção e afastamento. Entretanto, isso se dá por influxo simples quanto aos hábitos infusos, pois no instante se infunde a graça pela qual se expulsa subitamente a culpa. Contudo, a alteração que se faz desde o vício à virtude, ou da ignorância à ciência, atinge a parte intelectiva por acidente, existindo por si a mudança na parte sensitiva, como fica claro no livro VII da *Ética*.[67] Com efeito, por isso que alguma mudança feita acerca da parte sensitiva resulta subitamente alguma perfeição na parte intelectiva. De modo que isso que se faz na parte intelectiva seja o término da mudança existente na parte sensitiva como, por exemplo, a iluminação é o término do movimento local, e a geração absoluta é o termino da alteração. E isso deve ser entendido quanto aos hábitos adquiridos.

13. Respondo, dizendo que, de algo apreendido pelo intelecto, pode seguir-se a paixão no apetite inferior de dois modos. Um modo, na medida em que se entende isso universalmente pelo intelecto, que se forma na imaginação particularmente. E, assim, move-se o apetite inferior como, por exemplo, quando o intelecto de quem crê toma de modo inteligível as futuras penas e forma suas imaginações, imaginando o fogo que queima e o verme que corrói e outras coisas semelhantes, do qual se segue a paixão do temor no apetite sensitivo. Outro modo, enquanto da apreensão do intelecto move-se o apetite superior, do qual por certa redundância ou império também se comove o apetite inferior.

14. Respondo, dizendo que a esperança que permanece na alma separada não é paixão, mas um hábito ou um ato da vontade, como fica claro pelo que foi dito antes no artigo 1.

---

67. Essa citação pertence antes a esta obra: ARISTÓTELES, *Physica*. L. VII, c. 60, 248b27.

15. Respondo, dizendo que da beatificação ou da perfeição da imagem só se pode deduzir que não há senão uma paixão na parte intelectiva, no sentido de que toda recepção é denominada paixão.

16. Respondo, dizendo que a paixão é certo movimento que se recebe de outro, recebido em outro, mas não de algo operado para outro operado, pois, se fosse assim, haveria no intelecto o movimento de algo para outro.

17. Respondo, dizendo que, comumente falando da paixão, o inteligir se diz que é um padecer, enquanto toda recepção é uma paixão.

18. Respondo, dizendo que aquela paixão sobre a qual fala Dionísio não é outra coisa do que a afeição às coisas divinas, que tem maior razão de paixão do que a simples apreensão, como ficou claro pelo que foi dito no corpo do artigo. Com efeito, da mesma afeição das coisas divinas provém a manifestação delas, segundo se lê em Jo 14,21: *quem me ama será amado por meu Pai. Eu o amarei e me manifestarei a ele.*[68]

68. O argumento 19 não se encontra nas edições do <http://www.corpusthomisticum.org/>, nem no <http://docteurangelique.free.fr/>.

Artigo 4

Quarto, pergunta-se em relação a que se considera a contrariedade e a diversidade entre as paixões da alma[69]

E parece que não é segundo o bem e o mal.

69. Outros lugares: *Super Sent.* III, d. 26, q. 1, a. 3; *Sum. Th.* I-II, q. 23; *Super Ethic.* II, l. 5.

Argumentos

1. Com efeito, a audácia se opõe ao temor. Porém, uma paixão e outra são relativas ao mal, porque do que o temor foge, a audácia se aproxima. Logo, a contrariedade das paixões da alma não é segundo o bem e o mal.

2. Além do mais, a esperança se opõe a desespero. Ora, uma e outra são relativas ao bem, pois a esperança espera consegui-lo, porém o desespero não o espera. Logo, a contrariedade das paixões na alma não é segundo o bem e o mal.

3. Além do mais, Damasceno[70] no livro II e Gregório de Nissa[71] distinguem as paixões da alma pelo presente e futuro e pelo bem e mal: o bem futuro é a esperança ou o desejo; o bem presente é o prazer ou o deleite, ou seja, a alegria; o mal futuro

70. JOÃO DAMASCENO, *De Fide orthodoxa*. L. II, cap. 12: PG 94, 929 B.

71. Na verdade a obra é de: NEMÉSIO DE EMESA, *De natura Hominis*, cap. 17: PG 40, 676 B.

é o temor, o mal presente é a tristeza. Ora, o presente e o futuro se referem por acidente ao bem e ao mal. Logo, a diferença das paixões da alma por si não se considera segundo o bem e o mal.

4. Além do mais, Agostinho, no livro XIV da *Cidade de Deus*,[72] distingue a tristeza e a dor, porque a tristeza é da alma, mas a dor é do corpo, porque cada um deles não pertence à razão de bem e mal. Logo, o mesmo que antes.

5. Além do mais, a exultação, a alegria, o gozo e o deleite, a jocosidade e a hilaridade têm certa diferença, pois senão seria inútil que se unissem duas dessas, como fica claro em Is 35,10: *o gozo e a alegria os acompanharão*. Logo, como todas essas se dizem relativas ao bem, parece que o bem e o mal não diversificam as paixões da alma.

6. Além do mais, Damasceno,[73] no livro II, distingue quatro espécies de tristeza, que são a acídia, a angústia, a inveja, a misericórdia, além das quais está a penitência. Todas elas se dizem relativas ao mal. Logo, o mesmo que antes.

7. Além do mais, Damasceno[74] distingue seis espécies de temor, a saber, a preguiça, a vergonha, o pudor, a admiração, o estupor e a agonia, que não pertencem à dita diferença. Logo, o mesmo que antes.

8. Além do mais, Dionísio, no capítulo IV de *Sobre os nomes divinos*,[75] enumera o zelo no amor, mas, zelo e amor, são paixões relativas ao bem. E, assim, o mesmo que antes.

---

72. AGOSTINHO, *De Civitate Dei*. L. XIV, c. 7: PL 41, 411.
73. JOÃO DAMASCENO, *De Fide Orthodoxa*. L. II, c. 14: PG 94, 932 B.
74. JOÃO DAMASCENO, *De Fide Orthodoxa*. L. II, c. 15: PG 94, 932 C.
75. PSEUDO-DIONÍSIO, *De Divinis Nominibus*, cap. 4, parágrafo 13: PG 3, 712 B.

Ao contrário

1. É que os atos se distinguem pelos objetos. Contudo, as paixões da alma são atos da potência apetitiva, cujo objeto é o bem e o mal. Logo, as paixões da alma se distinguem pelo bem e pelo mal.

2. Além do mais, segundo o Filósofo no livro I da *Ética*,[76] as paixões da alma são relativas ao que segue a alegria e a tristeza. Ora, a alegria e a tristeza se distinguem segundo o bem e o mal. Logo, o bem e o mal distinguem as paixões da alma.

Respondo

Respondo, dizendo que nas paixões da alma se encontram três modos de distinção.

De fato, a primeira distinção é a das coisas que diferem como gênero, enquanto pertencem às diversas potências da alma como, por exemplo, se distinguem as paixões do concupiscível das paixões do irascível. O motivo dessa distinção das paixões é tomado do mesmo motivo pelo qual se distinguem as potências. Com efeito, como foi dito na questão *Sobre a sensualidade*, no artigo 2, que o objeto do concupiscível é o deleitável segundo[77] o sentido, mas o do irascível é algo árduo ou restrito. Pertencem ao concupiscível aquelas paixões que dizem respeito absolutamente ao deleitável do sentido ou ao seu contrário. Entretanto, pertencem ao irascível aquelas que se ordenam a algo árduo acerca de coisas desse tipo. E, assim, aparece a diferença entre o desejo e a esperança, pois o desejo se diz do apetite que é movido até algo deleitável, porém a esperança refere-se a certa eleva-

76. ARISTÓTELES, *Ethica Nicomachea*. L. II, c. 3, 1104b14; *Ibidem*, c. 5, 1105b21.

77. TOMÁS DE AQUINO, *De Veritate*, q. 25, a. 2.

ção do apetite até algum bem que se estima árduo ou difícil. E, de modo semelhante, ocorre com as outras paixões.

Entretanto, a segunda distinção das paixões da alma é a das coisas que se distinguem como espécies existindo na mesma potência. De fato, essa distinção das paixões do concupiscível é considerada de dois modos. Um modo, segundo a contrariedade dos objetos como, por exemplo, se distingue a alegria, que é relativa ao bem, da tristeza, que é relativa ao mal. Outro modo, na medida em que se orienta ao mesmo objeto, segundo diversos graus considerados no processo do movimento apetitivo. Com efeito, o mesmo objeto deleitável do apetecer se une primeiramente, de algum modo, segundo o que se apreende como semelhante ou conveniente. E disso se segue que a paixão do amor não é outra coisa do que certa formação do apetite por parte do mesmo apetecível. Por isso diz-se que o amor é certa união do amante e do amado. Contudo, isso que é unido, assim, desse modo, busca-se unir-se posteriormente de modo real, a saber, como o que ama desfruta o amado. E, assim, nasce a paixão do desejo, o qual, de fato, uma vez que é obtido na realidade, gera a alegria. Assim, pois, o primeiro que está no movimento do concupiscível é o amor; o segundo, o desejo; e o último, a alegria. E, pelo contrário, essas são paixões que são ordenadas ao mal; como o ódio contra o amor, a fuga contra o desejo, a tristeza contra a alegria.

Mas as paixões do irascível, como foi dito na outra questão, nascem das paixões do concupiscível e terminam nelas. E, por isso, nelas se encontra alguma distinção conforme a distinção do concupiscível; e, posteriormente, está nelas a distinção própria segundo a razão do próprio objeto. De fato, da parte do concupiscível está a distinção pela qual se distingue pelo bem e pelo mal ou pelo deleitável e o contrário e, também, segundo o tido realmente e o não tido realmente. Ora, a distinção própria do mesmo irascível se dá de modo que suas paixões se distinguem segundo excedem a faculdade do apetite ou que não a excedem, e isso segundo a estima, pois esses parecem distinguir o árduo como as diferenças por si.

Portanto, a paixão que está no irascível pode ser relativa ao bem ou relativa ao mal. Se relativa ao bem, ou é do bem tido, ou do não tido. Em relação ao bem tido, nenhuma paixão pode estar no irascível, porque o bem do que já se possui não impõe nenhuma dificuldade ao que o possui. Por isso, não se salva ali a noção de árduo. Contudo, em relação ao bem ainda não tido, no qual a noção de árduo se pode salvar pela dificuldade em atingi-lo, se aquele bem é estimado de modo que exceda a faculdade, provoca o desespero; mas, se se estima de modo que não a exceda, provoca a esperança. Mas, se se considera o movimento do irascível até o mal, isso será de dois modos: a saber, ou até o mal ainda não tido, o que, de fato, é estimado como árduo, enquanto é difícil de ser evitado; ou como já tido, ou unido, o qual de outra forma tem noção de árduo, enquanto se estima difícil de ser repelido. No entanto, se é relativo ao mal ainda não presente, se, de fato, aquele mal é estimado como o que excede a faculdade, assim provoca a paixão do temor; se, porém, como o que não a excede, provoca a paixão da audácia. Contudo, se o mal é presente, ou se estima como não excedendo a faculdade, e assim provoca a paixão da ira; ou como excedendo, e assim não forma nenhuma paixão no irascível, mas que permanece apenas no concupiscível a paixão da tristeza.

Portanto, aquela distinção que se toma segundo os graus considerados no movimento apetitivo não é causa de alguma contrariedade, porque desse modo as paixão diferem segundo o perfeito e o imperfeito, como é claro no desejo e na alegria. Ora, a distinção que é segundo a contrariedade do objeto faz propriamente a contrariedade nas paixões. Por isso, no concupiscível as paixões contrárias são tomadas segundo o bem e o mal, como a alegria e a tristeza, o amor e o ódio. Porém, no irascível, é possível tomar de dois modos a contrariedade. Um modo, conforme a distinção do objeto próprio, a saber, segundo o que excede a faculdade e o que não a excede. E, assim, são contrárias a esperança e o desespero, a audácia e o temor. E essa contrariedade é mais própria. Outro modo, porém, dá-se segundo a diferença do objeto do concupiscível, isto é, segundo o bem e o mal; pelo qual se vê que tem contrariedade a esperança e o temor. Porém, a ira, não pode ter nem um nem outro modo de paixão contrária, nem segundo a contrariedade do bem e do mal, porque em relação ao bem presente não há qualquer paixão no irascível. De modo semelhante, nem segundo a contrariedade do que excede a faculdade e do que não a excede, porque o mal que excede a faculdade não provoca nenhuma paixão no irascível, como foi dito. Por isso, entre as outras paixões, a ira tem isso de próprio, porque não há nenhuma contrária a ela.

Contudo, a terceira diferença das paixões da alma é quase acidental, o que, de fato, ocorre de dois modos. Um modo, segundo a intensidade e a remissão, como o zelo implica a intensidade do amor, e o furor a intensidade da ira. Outro modo, segundo as diferenças materiais do bem e do mal, assim como diferem a misericórdia e a inveja que são espécies de tristeza, pois a inveja é a tristeza da prosperidade do outro, enquanto é estimada como mal próprio. Contudo, a misericórdia é a tristeza da adversidade do outro, enquanto é estimada como mal próprio. E, assim, também são consideradas algumas outras paixões.

Respostas aos Argumentos

1. Respondo, portanto, dizendo que o objeto do irascível não é o bem e o mal absolutamente, mas com a circunstância de arduidade acrescentada. Por isso, em suas paixões não só há contrariedade pelo bem e o mal, mas também pelas diferenças que distinguem o árduo tanto no bem quanto no mal.

2. E por isso é clara a solução ao segundo.

3. Respondo, dizendo que o presente e o futuro são tomados como diferenças para distinguir as potências da alma, segundo que o futuro ainda não está unido realmente, enquanto o presente já está unido. Entretanto, é mais perfeito o movimento do apetite nisto que está unido do que o que está realmente distante. Por isso, o futuro e o presente, ainda que façam alguma distinção, não fazem, porém, nenhuma contrariedade, assim como nem o perfeito e o imperfeito.

4. Respondo, dizendo que a dor, segundo que se toma propriamente, não deve ser contada entre as paixões da alma, porque nada tem da parte da alma, a não ser apenas a apreensão. Com efeito, a dor é a lesão do sentido, a qual, de fato, a lesão se dá da parte do corpo. E, por isso, Agostinho, acrescenta ali que, tratando das paixões da alma, preferiu usar o nome de tristeza do que o de dor, pois a tristeza se realiza na própria potência apetitiva, como é claro pelo que foi dito no artigo 1 desta questão.

5. Respondo, dizendo que o deleite e a alegria diferem do mesmo modo que a tristeza e a dor, pois o deleite sensível tem da parte do corpo a união do conveniente, mas por parte da alma tem o sentido daquela conveniência. E, de modo semelhante, o deleite espiritual tem certa união racional do que convém com o conveniente e a percepção daquela união. Por isso Platão disse, definindo o deleite sensível, que o deleite é a geração do sensível na natureza. Contudo, Aristóteles disse, definindo de modo geral o deleite, que o deleite é a operação do hábito natural não impedida. Com efeito, a mesma operação conveniente é aquilo unido ao que convém, que provoca o deleite, principalmente o espiritual. E, assim, por ambas as partes o deleite começa pela união do real e se consuma em sua apreensão. Mas a alegria começa na apreensão e termina no afeto. Por isso, o deleite é, às vezes, causa da alegria como, por exemplo, a dor é causa da tristeza.

De fato, a alegria e o gozo diferem acidentalmente das outras paixões segundo a intensidade e a remissão. As outras paixões se referem, pois, a certa intensidade de alegria: que, de fato, se toma ou segundo a disposição interior e, assim, dá-se o gozo, que implica certa dilatação interior do coração. Diz-se, pois, o gozo como certa expansão ou segundo a intensidade da alegria interior que prorrompe em certos sinais exteriores. E, assim, dá-se a exultação; pois a exultação se diz em razão disso que o gozo interior, em certo modo, prorrompe ao exterior; que, de fato, a saída se toma ou segundo a mudança da ferida, na qual aparecem primeiro os sinais do afeto por sua proximidade à potência imaginativa, e assim se dá a hilaridade; ou segundo os quais, pela intensidade da alegria interior, dispõem-se as palavras e os feitos, e assim se dá a jovialidade.

6. Respondo, dizendo que as espécies de tristeza que põe Damasceno são em certo modo tristezas que acrescentam sobre certas diferenças acidentais, ou segundo a intensidade do movimento. E, assim, segundo esta intensidade que consiste na disposição interior, diz-se acídia, que é a tristeza que agrava, a saber, o coração, para que não goste de fazer nada; ou segundo qual avança até a disposição exterior e, assim, dá-se a angústia, que é a tristeza que remove a voz. Entretanto, por parte do objeto, segundo isso que está em outro, considera-se como mal próprio. E se, de fato, o bem de outro for considerado como mal próprio, será a inveja. Se, porém, o mal do outro for considerado mal próprio, será a misericórdia. Contudo, a penitência não acrescenta alguma razão especial sobre a tristeza, por ser absolutamente sobre o mal próprio. E, por isso, Damasceno a deixa de lado. Contudo, podem assinalar-se muitos modos de tristeza, se se consideram todas as coisas que se referem acidentalmente ao mal que provoca a tristeza.

7. Respondo, dizendo que, como o temor é certa paixão que provém por ter apreendido o nocivo como o que excede a faculdade, os modos de temor se diversificam segundo a diferença de tais objetos nocivos, o que, de fato, pode ser referido ao que apetece de três modos. Um modo, em relação à própria operação e, assim, enquanto que a própria operação é temida como laboriosa, dá-se a preguiça. Contudo, enquanto é temida como torpe, dá-se a vergonha, que é o temor do ato torpe. Segundo modo, em relação ao conhecimento, enquanto que algo cognoscível se apreende como excedendo totalmente a cognição. E, assim, sua consideração se apreende como supérflua e como nociva. Contudo, o que excede a cognição ocorre ou por causa da sua magnitude, e assim se dá a admiração que é o temor pela grande imaginação; ou por não estar acostumado com ela, e assim é o estupor, que é o temor pela imaginação não acostumada, segundo Damasceno.[78] Terceiro modo, em relação à paixão que deriva de outro: o que, de fato, pode ser temida ou por razão de torpeza. E, assim, se dá o pudor, que é o temor da expectativa do que censura; ou por razão de dano e, assim, dá-se a agonia, pela qual o homem teme para não cair em outro infortúnio.

8. Respondo, dizendo que o zelo acrescenta sobre o amor certa intensidade, pois é o amor veemente que não padece o consórcio com o amado.

78. JOÃO DAMASCENO, *De Fide Orthodoxa*. L. II, c. 15: PG 94, 932 C.

Artigo 5

Quinto, pergunta-se se a esperança, o temor, a alegria e a tristeza são as quatro principais paixões da alma[79]

E parece que não.

79. Outros lugares: *Super Sent.* III, d. 26, q. 1, a. 4; *Sum. Theo.* I-II, q. 25, a. 4 e q. 84, a. 4, ad 2; ibid. II-II, q. 141, a. 7, ad 3.

Argumentos

1. Porque Agostinho, no livro XIV da *Cidade de Deus*,[80] enumerando as quatro principais paixões, põe a cupidez no lugar da esperança, o que parece derivar-se das palavras de Virgílio[81] que, designando essas principais paixões, disse como os homens desejam, temem, alegram-se e sentem dor etc.

2. Além do mais, quanto mais algo é perfeito, mais principal parece ser. Ora, o movimento da audácia é mais perfeito do que o movimento da esperança, pois tende com maior intensidade até seu objeto. Logo, a audácia é uma paixão mais principal do que a esperança.

3. Além do mais, cada realidade toma o nome do que é mais principal. Ora, a potência do irascível é denominada pela ira. Logo, a ira deve contar-se entre as paixões principais.

---

80. AGOSTINHO, *De Civitate Dei*. L. XIV, c. 3: PL 41, 406.

81. Citado por AGOSTINHO, *De Civitate Dei*. L. XIV, c. 3: PL 41, 406.

4. Além do mais, como no irascível há paixão em relação ao futuro, assim também em relação ao concupiscível. Ora, a paixão que está no concupiscível relativa ao futuro, a saber, o desejo, não é posta como paixão principal. Logo, nem o temor e a esperança, que se referem de modo semelhante ao futuro, no irascível.

5. Além do mais, principal se diz aquilo que existe antes entre o resto, pois principiar, segundo Gregório,[82] é ser primeiro entre o resto. Ora, o amor é anterior entre as outras paixões, pois todas as outras paixões nascem do amor. Logo, a amor deveria ser posto como paixão principal.

6. Além do mais, parecem ser principais aquelas paixões em relação às quais dependem outras. Ora, parece que da alegria e da tristeza dependem todas as outras paixões, pois a paixão da alma é a que segue a alegria e a tristeza, segundo o Filósofo no livro II da *Ética*.[83] Logo, só essas suas paixões, a saber, a alegria e a tristeza, são paixões principais.

7. Mas se poderia dizer que a alegria e a tristeza são principais no concupiscível, mas a esperança e o temor são principais no irascível. – Mas, ao contrário, é o que se diz no capítulo IV do livro *Sobre o espírito e a alma*:[84] *da concupiscência nasce a alegria e a esperança; da irascibilidade, a dor e o medo.*

8. Além do mais, segundo a propriedade da potência irascível, a esperança se opõe ao desespero, o temor à audácia. Ora, por parte do concupiscível são colocadas duas paixões princi-

82. GREGÓRIO, *In Evangelium*. Cap. 2, homilia 34: PL 76, 1251D.

83. ARISTÓTELES, *Ethica Nicomachea*. L. II, c. 3, 1104 b 14; *ibidem*, c. 5, 1105b21.

84. *De spiritu et anima*. Cap. 4: PL 40, 782.

pais, segundo a contrariedade do concupiscível, a saber, a alegria e a tristeza. Logo, por parte do irascível deveriam ser colocados como principais ou a esperança e o desespero, ou o temor e a audácia.

Ao contrário

1. É o que se diz no capítulo IV do livro *Sobre o espírito e a alma*:[85] *é conhecido que o afeto se divide em quatro, pois disso que amamos já nos alegramos ou esperamos nos alegrar; e disso que odiamos, já sentimos dor ou tememos a dor*. Logo, estas são as quatro paixões principais: a alegria, a dor, ou a tristeza, a esperança e o temor.

2. Além do mais, Boécio, enumerando as paixões principais, diz no livro *Sobre a Consolação*:[86] *repele a alegria, repele o temor, e foge da esperança, que nem a dor esteja presente*. E, assim, o mesmo que antes.

Respondo

Respondo, dizendo que são quatro as paixões principais da alma, a saber, a tristeza, a alegria, a esperança e o temor. A razão disso se dá porque se dizem paixões principais as que são anteriores a outras e a origem delas. Contudo, como as paixões da alma estão na parte apetitiva, serão primeiras aquelas paixões que nascem imediatamente do objeto da potência apetitiva, o que, de fato, são objetos o bem e o mal. No entanto, serão como secundárias aquelas que nascem mediante outras.

Contudo, para que alguma paixão nasça imediatamente do bem ou do mal, são requeridas duas coisas. Das quais a primeira

85. *De spiritu et anima*. Cap. 4: PL 40, 782.

86. BOÉCIO, *De Consolatione Philosophiae*. L. I, 7: PL 63, 657 A.

é que nasça por si do bem e do mal, porque o que é por acidente não é primeiro. Segundo, de fato, que nasça sem qualquer pressuposto. Assim, que a paixão se diga principal por esses dois motivos: que não provenha por acidente, nem pelo posterior do objeto que tem lugar ativo. Contudo, do bem provém por si a paixão que procede do bem que é bem; e por acidente, porém, aquela que provém do bem que é mal: e o contrário se deve entender sobre o mal. No entanto, o bem, que é bem, atrai e traz para si. Por isso, se alguma paixão é própria do apetite que tende ao bem, será a paixão que segue por si ao bem. Ora, repelir o apetite é próprio do mal enquanto é mal. Por isso, se alguma paixão existe em relação ao bem, pela qual se foge do bem, aquela paixão não será do bem por si, mas enquanto se apreende como algum mal. E o contrário deve ser entendido do mal, que provém por si do mal aquela paixão que consiste na fuga do mal, mas aquela que consiste no acesso ao mal provém por acidente. Portanto, fica claro como alguma paixão nasce por si do bem ou do mal.

De fato, porque tanto algo é último na consecução do fim, quanto é anterior na intenção e no apetite, por isso aquelas paixões nascem do bem ou do mal sem pressupor outras, que consistem na execução do fim. Contudo, a alegria e a tristeza provêm da mesma consecução do bem ou do mal, e por si, pois a alegria provém do bem enquanto é bem, e a tristeza do mal enquanto é mal. De modo semelhante, todas as outras paixões do concupiscível provêm, por si, do bem e do mal. E isso ocorre porque o objeto do concupiscível é o bem e o mal, segundo uma razão absoluta. Ora, as outras paixões do concupiscível pressupõem a alegria e a tristeza, ao modo de causa, pois o bem do concupiscível se torna amado e desejado, porque é apreendido como deleitável, porém o mal se torna odioso e a ser evitado, enquanto é apreendido como o que entristece. E, assim, segundo a ordem do apetecer, a alegria e a tristeza são anteriores, ainda que na ordem do executar sejam posteriores. Entretanto, no irascível nem todas as paixões seguem por si o bem ou o mal, mas alguma coisa por si e alguma coisa por acidente; por isso que o bem ou o mal não são objetos do irascível segundo uma razão absoluta, mas segundo o que se acrescenta à condição de arduidade, segundo a qual também o bem é repudiado de modo que exceda a faculdade e tenda ao mal enquanto é possível repelir ou se aproximar. Contudo, não pode haver no irascível alguma paixão que provenha do bem ou do mal sem pressupor qualquer outra. Com efeito, o bem, depois que é obtido, não produz nenhuma paixão no irascível, como fica claro pelo que foi dito antes no artigo anterior. No entanto, o mal presente produz, de fato, uma paixão no irascível, mas não por si, antes por acidente, enquanto, a saber, tende a repelir e a aproximar do mal que é presente, como fica claro na ira.

Portanto, assim fica claro o que foi dito, pois há certas paixões que nascem primeiramente e por si do bem e do mal, como a alegria e a tristeza. Há, porém, outras que nascem por si, mas não primeiramente, como outras paixões do concupiscível, e estas duas do irascível, o temor e a esperança, das quais uma significa fugir do mal e a outra o aceder ao bem. Há, no entanto, algumas que não são nem por si, nem primeiras, como as outras que estão no irascível, como o desespero, a audácia e a ira, que dizem respeito ao acesso ao mal ou o receio do bem.

Portanto, assim, a alegria e a tristeza são as paixões mais principais. Contudo, o temor e a esperança são principais em seu gênero, porque não pressupõem algumas paixões na potência na qual estão, a saber, no irascível. Não obstante, outras paixões do concupiscível, como o amor, o desejo, o ódio e a fuga, ainda que provenham por si do bem ou do mal, não são primeiras em seu gênero, pois pressupõem outras que existem na mesma potência. Deste modo, não podem dizer-se principais nem absolutamente, nem no gênero. E, desta forma, resta que são apenas quatro as paixões principais: a alegria, a tristeza, a esperança e o temor.

Respostas aos argumentos

1. Respondo, portanto, dizendo que a cupidez ou o desejo precedem outra paixão na mesma potência, a saber, a alegria, que é a razão de desejar. Por isso, não pode ser a paixão principal. Contudo, a esperança, ainda que pressuponha outra paixão, ela, porém, não a pressupõe existindo na mesma potência, mas no concupiscível, pois todas as paixões do irascível nascem do concupiscível, como foi dito em outra questão, por isso pode ser uma paixão principal. De fato, Agostinho põe o desejo ou a cupidez no lugar da esperança, por certa similitude que há entre elas, pois uma e outra paixão são relativas ao bem ainda não obtido.

2. Respondo, dizendo que a audácia não pode ser uma paixão principal, pois nasce do mal por acidente, por ser relativa ao mal por via de enfrentar. Com efeito, o audaz enfrenta o mal, enquanto estima que a vitória e a repulsão do mal é certo bem e, desse modo, pela esperança do bem nasce a audácia. E, assim, considerando sutilmente, encontra-se que a esperança é anterior à audácia, pois a esperança da vitória, ou ao mesmo da evasão, causa a audácia.

3. Respondo, dizendo que a ira nasce do mal por acidente, enquanto, a saber, o irado estima a vingança do mal cometido contra ele como um bem e tende a ela. Por isso, a esperança de conseguir a vingança é causa da ira. Assim, pois, quando alguém é ferido por esse a quem não espera poder vingança, não se ira, mas se entristece ou teme, como diz Avicena,[87] como se um camponês fosse ferido por um rei. E, por causa disso, a ira não pode ser a paixão principal, pois pressupõe não só a tristeza, que está no concupiscível, mas a esperança, que está no irascível. Contu-

87. AVICENA, *De Anima*. Livro IV, cap. 6.

do, denomina-se irascível pela ira, porque é a última das paixões que está no irascível.

4. Respondo, dizendo que as paixões que estão no concupiscível, em relação ao futuro, nascem de certo modo das paixões que existem na mesma potência, em relação ao presente. Contudo, as paixões que são relativas ao futuro no irascível não nascem de algumas paixões em relação ao presente, existentes na mesma potência, mas das que existem em outra potência, a saber, da alegria e da tristeza. Disso se segue que não há semelhança.

5. Respondo, dizendo que na via de execução ou de consecução, o amor é a primeira paixão; porém, na via de intenção, a alegria é anterior ao amor, e é a causa do amar, principalmente segundo o amor que é paixão do concupiscível.

6. Respondo, dizendo que a alegria e a tristeza são mais principais entre as outras paixões, como foi dito. Contudo, a esperança e o amor são principais em seu gênero, como ficou claro pelo que foi dito no corpo do artigo.

7. Respondo, dizendo que aquele livro, como não é de Agostinho, não implica necessidade de que recebamos sua autoridade e, principalmente, neste parece conter uma falsidade expressa. Com efeito, a esperança não está no concupiscível, mas no irascível; mas a tristeza não está no irascível, mas no concupiscível. Contudo, se fosse necessário sustentar a autoridade, pode-se dizer que se fala dessas potências segundo a noção dos nomes. Com efeito, a concupiscência é do bem e, por essa razão, todas as paixões ordenadas até o bem podem ser atribuídas ao concupiscível. No entanto, a ira é de algum mal adjunto, por isso todas as paixões que são relativas ao mal podem ser atribuídas ao irascível. E segundo isso se atribui ao irascível a tristeza, e ao concupiscível a esperança.

8. Respondo, dizendo que a contrariedade que é própria das paixões do irascível, a saber, que excede a faculdade e que não a excede, faz nascer por acidente outra paixão do bem e do mal, pois a que excede a faculdade induz ao recesso, mas a que não excede induz ao acesso. E, por isso, se essas diferenças forem consideradas no bem, aquela paixão que segue ao que excede a faculdade provirá do bem por acidente; mas, se for acerca do mal, será por acidente aquela que segue a isso que não excede a faculdade. Por isso, no irascível não podem existir essas suas paixões principais, que são diretamente contrárias, como a esperança e o desespero, ou a audácia e o temor, como eram no concupiscível a alegria e a tristeza.

Artigo 6

Sexto, pergunta-se se merecemos pelas paixões[88]

E parece que sim.

88. Outros lugares: *Super Sent.* II, d. 36, a. 2; *De malo,* q. 10, a. 1, ad 1 e q. 12, a. 1; *Sum. Theo.* I-II, q. 24.

Argumentos

1. Com efeito, merecemos cumprindo os preceitos. Ora, pelos preceitos divinos somos induzidos a nos alegrar, a temer e a sentir dor, e outras paixões desse tipo, como diz Agostinho no capítulo IX do livro XIV da *Cidade de Deus.*[89] Logo, merecemos pelas paixões.

2. Além do mais, segundo Agostinho no mesmo livro, no capítulo VI, as paixões desse tipo não são sem a vontade. De fato, também não são outra coisa do que as vontades. Ora, podemos merecer pelos atos da vontade não só materialmente, mas também formalmente. Logo, também merecemos pelas paixões desse tipo.

3. Além do mais, as paixões animais mais se aproximam à razão de voluntário do que as corporais. Ora, as paixões animais de algum modo estão em nós, enquanto que o concupiscível e o

89. AGOSTINHO, *De Civitade Dei*. L. XIV, c. 9: PL 41, 413.

irascível obedecem à razão, porém as paixões corporais não. Ora, as paixões corporais são meritórias, como é claro nos mártires, que merecem a auréola dos mártires pelas paixões corporais. Logo, com muito mais razão são meritórias as paixões animais.

4. Mas se poderia dizer que as paixões corporais são meritórias, enquanto são queridas. – Mas, ao contrário, a vontade de padecer por Cristo pode estar também naquele que nunca padecerá, que, porém, não terá auréola. Logo, a paixão corporal merece a auréola não só segundo que é querida, mas segundo que é atualmente experimentada.

5. Além do mais, aquilo a cuja intensidade segue a intensidade do prêmio é meritório por si e não só materialmente. Ora, à intensidade da paixão corporal segue a intensidade do prêmio, porque quanto mais padece, tanto mais glorioso será coroado, como foi dito. Logo, merecemos pelas paixões por si, e não só materialmente.

6. Além do mais, Hugo de São Vitor,[90] diz que após a vontade segue a obra, de modo que a vontade aumenta em sua ação e, assim, a obra externa faz algo em relação ao mérito. Ora, de modo semelhante, a vontade pode aumentar na paixão. Logo, a paixão faz algo em relação ao mérito. E, assim, o mesmo que antes.

7. Além do mais, como o mérito consiste na vontade, é necessário que pertença formal e completamente ao mérito aquilo no qual a vontade termina formal e completamente. Ora, a paixão, enquanto querida, é objeto da vontade e, assim, determina a vontade quase formalmente. Logo, a mesma paixão pertence formalmente ao mérito.

90. HUGO DE SÃO VITOR, *De Sacramentis*. L. II, prop. XIV, c. 6: PL 176, 561 B.

8. Além do mais, alguns confessores suportam mais peso do que alguns mártires, por isso se diz que levam um longo martírio, pois a paixão de certos mártires foi terminada em breve espaço de tempo. Contudo, a auréola não é devida aos confessores. E, assim, parece que a mesma paixão corporal dos mártires merece, por si, a auréola.

9. Além do mais, sobre o que se lê em Tg 1,2: *meus irmãos, tende por motivo de grande alegria*, diz a Glosa: *a tribulação no presente aumenta a justiça no futuro da coroa*. Ora, não o aumenta senão merecendo. Logo, como a tribulação é paixão, ela é meritória.

10. Além do mais, isso mesmo se vê por isso que se diz no Sl 115,15: é preciosa[91] *aos olhos do Senhor a morte dos seus fiéis*. Contudo, diz-se preciosa como digna de preço. No entanto, o preço do trabalho é o prêmio que os trabalhos merecem. Logo, podemos merecer pelas paixões.

11. Mas se poderia dizer que merecemos pelas paixões enquanto são queridas. – Mas, ao contrário, é o que disse Lúcia: *se me fizesse violar contra a minha vontade, a castidade me será duplicada na coroa.*[92] Logo, a mesma paixão da corrupção, que teria suportado na vida, seria para ela meritória da coroa. E, assim, a paixão não é merecida só porque é voluntária.

12. Além do mais, a dificuldade é necessária para o mérito, o que fica claro a partir disso que o Mestre diz no livro das

---

91. Optamos por traduzir por "preciosa", diferente da tradução da BIBLIA DE JERUSALÉM, por conveniência ao comentário de Tomás, por ser também mais próximo ao termo latino: *pretiosa*.

92. Cfr. MOMBRITIUS, *Sanctuarium, Passio S. Luciae* V. M. (ed. 2ª Parisiis 1910, II, 108).

Sentenças,[93] distinção 24, que o homem no estado de inocência não merecia, porque nada lhe impulsionava ao mal e nada lhe retraía do bem. Portanto, como as paixões levam dificuldade, parece que contribuem ao mérito por si.

13. Além do mais, o temor é certa paixão. Contudo, por isso podemos merecer formalmente, por estar na parte intelectiva, como fica claro quando tememos aquelas coisas que não conhecemos, a não ser pelo intelecto, como as penas eternas. Logo, podemos merecer pelas paixões.

14. Além do mais, o prêmio responde ao mérito. Ora, o prêmio da glória não só estará na alma, mas no corpo. Logo, também o mérito consiste não só na ação da alma, mas na paixão do corpo.

15. Além do mais, onde há maior dificuldade, ali há maior razão de mérito. Ora, a maior dificuldade se dá acerca das paixões que são acerca das operações da vontade. Logo, as paixões são mais meritórias do que os atos da vontade, que, porém, são formalmente meritórios.

16. Além do mais, merecemos formalmente pelas virtudes. Ora, certas paixões são postas pelos santos como virtudes, como a misericórdia e a penitência. Algumas são postas pelos filósofos como louváveis e medianas entre os vícios extremos, como a vergonha e a vingança, segundo o Filósofo no capítulo VII do livro II da *Ética*:[94] *que pertence inteiro à virtude*. Logo, merecemos formalmente pelas paixões.

---

93. PEDRO LOMBARDO, *In II Sententiarum*, d. 24, cap. 1.

94. Na verdade a referência é ao capítulo 9: ARISTÓTELES, *Ethica Nicomachea*. L. II, c. 9, 1057b37.

17. Além do mais, o mérito e o demérito, por serem contrários, estão no mesmo gênero. Ora, no gênero das paixões se encontra o demérito, pois os primeiros movimentos, que são pecados, são certas paixões. Também a ira e a acídia são certas paixões que, porém, são postas como vícios capitais. O Apóstolo em Rm 1,26, também chama os pecados contra a natureza de paixões de ignomínia. Logo, também merecemos pelas paixões.

Ao contrário

1. Nada pode ser meritório a não ser que esteja em nós, pois segundo Agostinho,[95] *a vontade é pela qual se peca e se vive retamente.* Ora, as paixões não estão em nós, porque, como diz Agostinho, no livro XIV da *Cidade de Deus*,[96] cedemos contra nossa vontade pelas paixões. Logo, não merecemos pelas paixões.

2. Além do mais, aquilo que é preâmbulo para a vontade não pode ser meritório, pois o mérito depende da vontade. Ora, as paixões da alma precedem o ato da vontade, por estarem na parte sensitiva, porém o ato da vontade está na parte intelectiva: mas a parte intelectiva é tomada da sensitiva. Logo, as paixões da alma não podem ser meritórias.

3. Além do mais, todo mérito é louvável. Ora, não somos louvados nem vituperados pelas paixões, segundo o Filósofo no livro II da *Ética*.[97] Logo, não merecemos pelas paixões.

4. Além do mais, em Cristo houve maior eficácia para merecer do que em nós. Ora, Cristo não mereceu por sua paixão.

95. AGOSTINHO, *Retractationes*. L. I, c. 9: PL 32, 596.

96. AGOSTINHO, *De Civitate Dei*. L. XIV, c. 9: PL 41, 415.

97. ARISTÓTELES, *Ethica Nicomachea*. L. II, c. 4, 1105b31.

Logo, não merecemos pelas paixões. Prova da premissa média: merecer é fazer o que não é seu tornar-se como próprio seu, ou o que é menos seu tornar-se mais seu. Ora, Cristo não pode fazer o que não é seu tornar-se como próprio seu, ou o que é menos seu tornar-se mais seu, porque desde o primeiro instante de sua concepção qualquer coisa que cai sob o mérito lhe era devida perfeitissimamente. Logo, a paixão de Cristo nada mereceu.

5. Mas se poderia dizer que mereceu fazendo seu de muitos modos isso que era seu de um só modo. – Mas, ao contrário, o duplo vínculo exige maior obrigação. Logo, de modo semelhante, também, uma dupla razão do devido faz mais devido. Portanto, se Cristo não pôde fazer para si algo mais devido, também não pôde fazer para si algo devido de muitos modos.

6. Além do mais, a dificuldade diminui o voluntário. Logo, como o mérito deve ser voluntário, parece que a dificuldade diminui o mérito. Ora, as paixões fazem a dificuldade. Logo, diminuem o mérito mais do que realizam algo para o mérito.

Respondo

Respondo, dizendo que não merecemos pelas paixões por si, mas como por acidente, se se toma em sentido próprio. Contudo, como merecer se diz em relação às recompensas, merecer propriamente é adquirir algo para si por recompensa, o que, de fato, não se faz senão quando damos algo que é adequado para isso que dizemos merecer. No entanto, não podemos dar senão isso que é nosso, do que somos donos. Contudo, como donos de nossos atos pela vontade, não só daqueles que imediatamente exercemos pela vontade, como amar e querer, mas daqueles que, exercidos pelas potências da vontade, são imperados pela vontade, como andar, falar e coisas semelhantes. No entanto, esses atos não são como o preço condigno em relação à vida eterna, a não ser segundo que estejam informados da graça e da caridade. Por isso, para que algum ato seja por si meritório, é necessário que seja um ato imperado ou exercido pela vontade, e inclusive que seja informado pela caridade. De fato, porque o princípio do ato é o hábito e a potência e também o próprio objeto, por isso, dizemos que se merece de modo secundário, tanto pelos hábitos, quanto pelas potências e os objetos. Ora, isso, que primeiramente e por si é meritório, é ato voluntário informado pela graça. Contudo, as paixões não são da vontade nem como imperadas nem como exercidas, pois o princípio das paixões, como tal, não está em nós. Mas algumas paixões se dizem voluntárias, por isso que estão em nós e, às vezes, precedem o ato da vontade. E, por isso, não merecemos pelas paixões por si, mas segundo as quais de algum modo são concomitantes à vontade, de algum modo se referem ao mérito, e assim possam dizer-se que são meritórias como por acidente.

Contudo, a paixão se refere de um triplo modo à vontade. Primeiro, como objeto da vontade: e assim se diz que as paixões são meritórias enquanto são queridas ou amadas. Com efeito, isso pelo qual merecemos por si, segundo isso não será pela mesma paixão, senão pela vontade. Segundo, enquanto alguma paixão excita a vontade ou tende a ela. O que pode ocorrer de dois modos: ou por si, ou por acidente. De fato, por si, quando a paixão excita a vontade a isso que é semelhante a si; como quando pela concupiscência a vontade se inclina a consentir no concupiscível, e pela ira a querer a vingança. Mas por acidente, quando a paixão por certa ocasião excita a vontade ao contrário, como no homem casto, por exemplo; quando surge a paixão da concupiscência, a vontade resiste à concupiscência com maior esforço, pois nos esforçamos mais nas coisas difíceis. E, assim, se diz que as paixões são meritórias, enquanto a vontade excitada pela paixão é meritória. Terceiro, é o inverso, quando a paixão é excitada pela vontade, na medida em que o movimento do apetite superior redunda no inferior como, por exemplo, quando alguém pela vontade detesta a torpeza do pecado, por isso mesmo o apetite inferior se inclina à vingança. E, assim, se diz que a vingança é louvável ou meritória, por razão da vontade que a causa. Logo, no primeiro modo a paixão se refere à vontade com objeto, no segundo como princípio, no terceiro como efeito. Por isso, o primeiro modo está mais distante do mérito, pois por semelhante razão se pode dizer que o ouro ou a prata são meritórios ou demeritórios, enquanto querendo deste modo merecemos ou desmerecemos. Contudo, o último modo é mais próximo ao mérito, na medida em que o efeito recebe da causa e não o inverso. E, assim, considerando propriamente o mérito, pelas paixões não merecemos, a não ser por acidente.

No entanto, pode também tomar-se o mérito em sentido amplo, como qualquer disposição que faz conveniência com algo que se diz que a mereça como, por exemplo, dizemos que uma mulher em razão de sua beleza merece ser cônjuge do rei. E, assim, dizemos que merecemos pelas paixões corporais, enquanto que as mesmas paixões nos tornam, de certo modo, aptos para receber alguma glória.

Respostas aos argumentos

1. Respondo, portanto, dizendo que nos advertimos dos preceitos de Deus para nos alegrarmos e temermos, segundo os quais a alegria, o temor e outras coisas semelhantes consistem no ato da vontade, e não são paixões, como ficou claro pelo que foi dito no corpo do artigo; ou também segundo os quais as paixões desse tipo seguem a vontade.

2. Respondo, dizendo que Agostinho diz que essas paixões são voluntárias, enquanto são consequência da vontade em nós.[98] Por isso, acrescenta-se: *totalmente segundo a variedade das realidades que se apetecem ou são afastadas, assim como atraem ou contraem a vontade do homem, assim em nós aqueles afetos mudam ou são alterados.* Ou falamos deles que nomeiam certos atos da vontade, como foi dito no corpo do artigo.

3. Respondo, dizendo que a paixão corporal do mártir não contribui ao mérito do prêmio essencial, a não ser enquanto é querida, mas ao prêmio acidental, que é a auréola dos mártires, ordena-se por modo de mérito segundo o qual faz certa conveniência em relação à auréola, pois é conveniente que o que se conforma a Cristo na paixão a Ele se conformará na glória, como se lê em Rm 8,17: *sofremos com ele para também com ele sermos glorificados.* Contudo, deve-se saber que a vontade não pode se referir do mesmo modo às paixões corporais enquanto o homem não as padece, assim como quando as padece, por sua amargura. Por isso, segundo o Filósofo no livro III da *Ética*,[99] *em tais paixões é suficiente que o forte não se entristeça.* E, por isso, a mesma paixão corporal atualmente sofrida também é sinal de uma firme e constante vontade, e é também estimulada na medida em que o homem se esforce em relação às coisas difíceis. E, assim, a auréola é devida ao confessor ainda que seja devida ao mártir.

4. Por isso, fica clara a solução para o quarto.

5. Respondo, dizendo que a intensidade das paixões segue a intensidade dos prêmios, ou em razão de sua conveniência, ou em razão de intensa vontade.

---

98. AGOSTINHO, *De Civitate Dei*. L. XIV, c. 6: PL 41, 409.

99. ARISTÓTELES, *Ethica Nicomachea*. L. III, c. 18, 1117a31.

6. Respondo, dizendo que, ainda que a vontade aumente na paixão como no ato exterior, porém não é semelhante em um e outro caso, pois o ato se impera pela vontade, porém não a paixão. Por isso, não se referem ao mérito de modo semelhante.

7. Respondo, dizendo que o objeto determina a vontade segundo a espécie do ato, porém o mérito não consiste no ato, propriamente falando, segundo a espécie do ato, mas segundo a raiz, que é a caridade. E, por isso, não é necessário que formalmente pela paixão mereçamos, ainda que se tenha como objeto.

8. Respondo, dizendo que todo trabalho que algum confessor sustenta durante um longo tempo não se pode comparar à morte que o mártir suporta, inclusive no momento, segundo o gênero da obra. De fato, pela morte é privado disso que é maximamente amável, a saber, viver e ser. Por isso, o fim é terrível, segundo o Filósofo no livro III da *Ética*.[100] E acerca disso maximamente se dá a virtude da fortaleza. E isso é manifestamente claro por que os homens fatigados por duradouras aflições se horrorizem da morte, como elegendo em maior medida outras aflições do que a morte. E, por isso, o Filósofo diz no livro IX da *Ética*,[101] que o virtuoso se expõe à morte, elegendo mais uma boa e grande ação do que muitas más, como se aquele ato de fortaleza sofrendo a morte sobrepujasse muitas outras operações virtuosas. E, por isso, quanto ao gênero da obra, mais merece o mártir no mínimo do que qualquer confessor. Contudo, quanto à raiz da obra, o confessor merece mais, enquanto opera por maior caridade, porque o prêmio essencial responde à raiz da caridade, mas acidentalmente ao gênero de ato. Então, dá-se que algum confessor pode ser mais eminente do que al-

100. ARISTÓTELES, *Ethica Nicomachea*. L. III, c. 9, 1115a26.

101. ARISTÓTELES, *Ethica Nicomachea*. L. IX, c. 8, 1169a24.

gum mártir quanto ao prêmio essencial, e ainda quanto ao prêmio acidental.

9. Respondo, dizendo que aquela Glosa fala da tribulação enquanto é querida ou estimula a vontade.

10. E, de modo semelhante, respondo, dizendo ao décimo.

11. Respondo, dizendo que a virgem que fosse corrompida por causa de seu amor a Cristo, seria mesmo uma corrupção meritória, assim como as outras paixões dos mártires, não porque a mesma corrupção fosse voluntária, mas porque seu antecedente foi voluntário, a saber, permanecer na confissão de Cristo, a qual segue sua corrupção. E, assim, aquela corrupção seria voluntária, não por vontade absoluta, mas por vontade como condicionada, enquanto elege mais esse opróbrio do que negar a Cristo.

12. Respondo, dizendo que existe uma dupla dificuldade. Uma que é pela magnitude do feito e de sua bondade, e essa é a dificuldade requerida para a virtude. Outra que se dá por parte do agente, enquanto é deficiente ou impedido acerca das operações retas, e essa dificuldade ou tira ou diminui a virtude. E, assim, as paixões provocam a dificuldade. Logo, a primeira dificuldade, que se dá por parte do feito, por si contribui para o mérito, assim como a bondade do ato. Contudo, a segunda, que é por debilidade de quem opera não contribui para o mérito, a não ser talvez ocasionalmente, enquanto é ocasião de maior esforço. Entretanto, não é verdadeiro isso que Adão no primeiro estado não poderia merecer, se tivesse a graça, ainda que nada impelisse ao mal, porque se tivesse perseverado, alguma vez teria alcançado a glória e consta que não sem mérito. Nem diz o Mestre que não poderia merecer no primeiro estado, mas diz que podia evitar o pecado sem a graça, por isso que nada o impelia ao mal. Contudo, sem a graça nada pode ser meritório.

13. Respondo, dizendo que aquele temor das penas, que é por si meritório, está na vontade, e não é paixão propriamente falando, como ficou claro pelo que foi dito no corpo do artigo. Contudo, pode estimular a paixão do temor no apetite inferior pelas penas eternas ou pela redundância do apetite superior no inferior, ou por isso que a concepção do intelecto das penas eternas se forma na imaginação e, assim, o apetite inferior se move pela paixão do temor. Mas este temor não se refere ao mérito, a não ser por acidente, como foi dito.

14. Respondo, dizendo que o prêmio corresponde ao mérito quanto à medida, porque a quantidade do prêmio depende da quantidade do mérito. Entretanto, ela nem sempre corresponde quanto ao suposto precisamente, pois alguém pode merecer de outro a primeira graça. E, assim, nesta questão, o corpo será premiado, não porque o próprio corpo terá merecido, mas porque a alma por vontade merecerá alguma glória para o corpo.

15. Respondo, dizendo que, falando da dificuldade por nossa parte, assim as paixões têm maior dificuldade do que o ato da vontade, mas assim a dificuldade não contribuía para o mérito a não ser por acidente, como foi dito e, de modo semelhante, nem as paixões. Ora, falando da dificuldade que se dá por excelência ou bondade da realidade que contribui por si ao mérito, assim é maior a dificuldade por parte do ato da vontade.

16. Respondo, dizendo que as paixões são meritórias enquanto são efeitos e indícios da vontade, como fica claro sobre a vergonha, que indica a vontade do homem que repugna o pecado de torpeza, e a misericórdia, que é sinal do amor. E, por isso, às vezes, os nomes dessas paixões são tomados pelos santos por hábito, pelos quais a vontade exerce o ato, que é princípio dessas paixões.

17. Respondo, dizendo que os primeiros movimentos não têm perfeita razão de pecado ou demérito, mas são como certas disposições para o demérito, como o pecado venial é disposição para o mortal. Por isso, não é necessário que os mesmos movimentos da sensualidade sejam méritos por si, como foi dito no corpo do artigo. Contudo, essas paixões se chamam, às vezes, de vícios, enquanto que pelos nomes das paixões ou pelo ato da vontade são designados também os hábitos. Os vícios se denominam inclusive contra a natureza das paixões, ainda que sejam voluntários, enquanto por esses vícios a natureza é perturbada de sua ordem.

Respostas aos contrários

1. Mas a isso que se objeta em primeiro lugar, respondo, dizendo, que cedemos às paixões de modo involuntário, não quanto ao consentimento, pois não consentimos a elas senão pela vontade, mas quanto a alguma mudança corporal, como é o riso e o pranto, e outras coisas semelhantes. E, por isso, enquanto consentimos ou dissentimos, são meritórias ou demeritórias.

2. Respondo, dizendo que as paixões do apetite inferior, ainda que alguma vez precedam o ato da vontade, porém nem sempre precedem. Com efeito, não se ordenam de modo semelhante às faculdades apetitivas como às apreensivas. De fato, o nosso intelecto toma do sentido, por isso a operação do intelecto não pode se dar a não ser que preexista alguma operação de sentido. Contudo, a vontade não toma do apetite inferior, mas antes o move. E, por isso, não é necessário que a paixão do apetite inferior preceda o ato da vontade.

3. Respondo, dizendo que, ainda que as paixões não sejam louváveis por si, podem, porém, ser louváveis por acidente, como foi dito no corpo do artigo.

4. Respondo, dizendo que Cristo, por sua paixão, mereceu para si e para outros. Para si, de fato, mereceu a glória do corpo, que, ainda que a tivesse merecido por outros méritos precedentes, porém, propriamente a claridade da ressurreição é por certa conveniência ao prêmio da paixão, porque a exaltação é o mérito próprio da humildade. No entanto, mereceu para nós, enquanto em sua paixão satisfez pelo pecado de todo o gênero humano, não, porém, pelas obras precedentes, ainda que merecera por elas para nós. Contudo, a penalidade se requer para a satisfação por modo de certa recompensa contra o deleite do pecado.

5. Respondo, dizendo que a glória do corpo de Cristo não fez a glória nem do não devido ao devido, nem do menos devido ao mais devido. Contudo, fez a devida de outro modo da que antes não era devida. Porém, nem se segue que fosse mais devida, pois isso se seguiria se a causa do devido ou aumentasse ou multiplicasse, como se faz quando por dupla promessa aumenta a obrigação, que não ocorre no mérito de Cristo, porque sua graça não é aumentada.

6. Respondo, dizendo que a dificuldade impede por si o voluntário, mas acidentalmente o aumenta, enquanto que alguém se esforça contra a dificuldade. Contudo, a própria dificuldade contribui para a satisfação, em razão da penalidade.

Artigo 7

Sétimo, pergunta-se se a paixão unida ao mérito diminui algo do mérito, a saber, quem merece mais, se aquele que faz bem ao pobre com certa compaixão de misericórdia, ou o que faz sem nenhuma paixão, apenas pelo puro juízo da razão[102]

E parece que merece mais o que faz apenas pelo juízo da razão.

102. Outros lugares: *De malo,* q. 3, a. 11; *ibid.* q. 12, a. 1; *Sum. Theo.* I-II, q. 24, a. 3.

Argumentos

1. Com efeito, o mérito se opõe ao pecado. Ora, peca mais o que comete o pecado apenas pela eleição do que o que peca instigado pela paixão, pois se diz que o primeiro peca por certa malícia, o segundo por debilidade. Logo, mais merece o que faz algum bem só pelo juízo da razão do que o que faz com alguma paixão de misericórdia.

2. Mas se poderia dizer que para que algo seja meritório, ou ato de virtude, não é requerido apenas o bem que faz, mas o modo pelo qual o que se faz, que não pode ser sem afeto de misericórdia. – Mas, ao contrário, para que algum ato se faça bem, três coisas são requeridas, segundo o Filósofo no livro II da *Ética*,[103] a saber, a vontade que elege o ato, a razão que constitui o meio no ato, e a relação do hábito ao devido fim. Contudo, todas essas coisas podem ser sem a paixão da misericórdia naquele que dá esmola. Logo, sem essa paixão pode se dar não

103. ARISTÓTELES, *Ethica Nicomachea*. L. II, c. 7, 1106b36.

só que se faça aquele bem, mas também de fazê-lo bem. Prova média. Com efeito, todas essas três coisas ditas se fazem pelo ato da vontade e da razão. Ora, o ato da vontade e da razão não depende da paixão, porque a razão e a vontade movem as potências inferiores nas quais estão as paixões. Contudo, a moção do motor não depende do movimento do móvel. Logo, as três coisas ditas podem ser sem a paixão.

3. Além do mais, para o ato da virtude se exige o discernimento da razão. Por isso, diz Gregório no livro da *Moral*,[104] que *as virtudes não podem se dar de nenhuma maneira a não ser que as virtudes obrem de modo prudente nessas coisas que apetecem*. Contudo, todas as paixões impedem o juízo ou o discernimento da razão, por isso diz Salústico no *Catilinário*:[105] *todos os homens que deliberam acerca das coisas duvidosas, convêm que sejam privados da ira, do amor, do ódio, e da misericórdia, pois onde estas afetam, o ânimo não prevê facilmente a verdade*. Logo, essas paixões diminuem o louvor da virtude, e também do mérito.

4. Além do mais, o concupiscível não impede menos o juízo da razão do que o irascível. Ora, a paixão do irascível, unida com o ato da virtude, turba o juízo da razão. Por isso, diz Gregório que *a ira pelo zelo turva o juízo da razão*. Logo, a paixão do irascível impede o juízo da razão e também o mérito.

5. Além do mais, a virtude é a disposição do perfeito ao ótimo, como se diz no livro VII da *Física*.[106] Logo, em nós é mais virtuoso aquilo pelo qual mais nos aproxima do perfeito. Ora, os que agem se assemelham mais a Deus e aos anjos pelo juízo da

104. GREGÓRIO MAGNO, *Moralia*. L. II, c. 46: PL 75, 588 D.

105. SALÚSTIO, *Bellum Catilinae*. Cap. 51. Cfr. *Moralium dogma Philosophiae*, q. 1, n. 17: PL 171, 1020 C.

106. ARISTÓTELES, *Physica*. L. VII, c. 3, 246b23.

razão sem paixão, pois Deus castiga sem ira e revela a paixão de misericórdia, sem a paixão da misericórdia. Logo, é mais virtuoso fazer o bem sem essas paixões.

6. Além do mais, as virtudes dos de ânimo purificado são mais dignas do que as de outros. Ora, assim como diz Macróbio em *Sobre o sonho de Scipião*,[107] *as virtudes dos de ânimo purificado fazem esquecer completamente as paixões*. Logo, o ato da virtude feito sem paixão é mais louvável e mais meritório.

7. Além do mais, quanto mais o amor de caridade está em nós, tanto mais é louvável e mais depurado está o amor carnal, pois não o amor carnal, mas o espiritual que deve estar em nós, como diz Agostinho na *Regra*.[108] Ora, a paixão do amor é com certa carnalidade. Logo, o ato da caridade sem a paixão do amor é mais louvável, e a mesma razão existe nas outras paixões.

8. Além do mais, diz Cícero no livro *Sobre os ofícios*:[109] *convém que exista certa benevolência do amor não com ardor, mas com estabilidade da mente*. Contudo, o ardor pertence à paixão. Logo, a paixão diminui ao louvor do ato da virtude.

Ao contrário

1. É o que diz Agostinho, no livro XIV da *Cidade de Deus*:[110] *enquanto geramos as debilidades desta vida, se não temos de modo algum nenhuma paixão, então não vivemos retamente; pois o Apóstolo vituperava e detestava alguns do que diziam que*

107. MACRÓBIO, *Super Somnium Scipionis*. L. L, c. 8, 9.

108. AGOSTINHO, *Regula ad Servos Dei*. n. 10: PL 32, 1384.

109. MARCO TÚLIO CÍCERO, *De officiis*. L. I, c. 15, n. 47.

110. AGOSTINHO, *De Civitate Dei*. L. XIV, c. 9: PL 41, 415.

eram sem afeição. Culpava-os o salmista sagrado, o que se diz no Sl 68: esperei por compaixão e nada, e não os encontrei. E, assim, parece que sem paixão podemos viver retamente.

2. Além do mais, diz Agostinho no livro IX da *Cidade de Deus*:[111] *ira-se o que peca para que seja corrigido; entristece-se com o afligido para que seja libertado; tema por quem corre perigo para que não pereça: não sei se existe alguém que repreenda com sã consideração. Pois é próprio dos estoicos acostumarem-se a culpar inclusive a misericórdia; e, assim, Cícero falou muito melhor e mais humanamente no modo mais acomodado em louvor de César, donde disse: nenhuma de tuas virtudes é mais admirável e mais graciosa do que a misericórdia.* E, assim, o mesmo que antes.

Respondo

Respondo, dizendo que as paixões da alma podem ter uma dupla ordem na vontade, ou como precedentes à vontade ou como consequentes. Como precedentes, de fato, enquanto as paixões impelem a vontade a querer algo. Como consequentes, enquanto que pela mesma veemência da vontade, por certa redundância, comove-se o apetite inferior segundo essas paixões, ou também enquanto a mesma vontade procura e estimula essas paixões espontaneamente.

Portanto, na medida em que são precedentes à vontade, assim diminuem a razão de louvável: porque o louvável é ato da vontade que se dá pela razão ordenada ao bem segundo a devida medida e modo. De fato, modo e medida que não se conservam senão enquanto o ato se realiza com discrição. Discrição essa que não se conserva quando o homem é provocado pelo ímpeto da paixão a querer algo ainda que seja bom, mas o modo de ação será segundo o grande ou pequeno ímpeto da paixão.

111. AGOSTINHO, *De Civitate Dei*. L. IX, c. 5: PL 41, 260.

E, assim, não ocorre que a devida medida não se conserve a não ser por caso excepcional. Contudo, na medida em que as paixões seguem a vontade, assim não diminuem o louvor do ato ou da bondade, porque serão moderadas segundo o juízo da razão, ao qual segue a vontade. Ora, acrescentam mais à bondade do ato por dupla razão.

Primeiro, por modo de sinal, porque a própria paixão que segue no apetite inferior é sinal de que o movimento da vontade é intenso. Com efeito, não pode existir na natureza do passível que a vontade se mova fortemente a algo, sem que se siga alguma paixão na parte inferior. Por isso, diz Agostinho no livro XIV da *Cidade de Deus*:[112] *enquanto gerimos a debilidade dessa vida, se não temos nenhuma paixão, não vivemos retamente.* E um pouco mais abaixo acrescenta a causa, dizendo: *pois não sentir dor de alguma maneira, enquanto estamos neste lugar de miséria, não ocorre sem um grande custo de inumanidade de ânimo, de estupor no corpo.*

Segundo, por modo de ajuda, porque quando a vontade elege algo pelo juízo da razão, mais pronta e facilmente cumpre aquilo se com isso estimula também a paixão na parte inferior; porque a apetitiva inferior é mais próxima do movimento do corpo. Por isso, diz Agostinho no livro IX da *Cidade de Deus*:[113] *mas o movimento da misericórdia serve à razão quando a misericórdia se apresenta de modo que conserve a justiça.* E é isso o que o Filósofo diz no livro III da *Ética*,[114] quando introduz o verso de Homero: *erige a virtude e o furor*; porque, a saber, quando alguém é virtuoso com a virtude da fortaleza, a paixão da ira que segue a eleição da virtude realiza o ato com maior prontidão, porém, se precedesse, perturbaria o modo da virtude.

112. AGOSTINHO, *De Civitate Dei*. L. XIV, c. 9: PL 41, 415.

113. AGOSTINHO, *De Civitate Dei*. L. IX, c. 5: PL 41, 261.

114. ARISTÓTELES, *Ethica Nicomachea*. L. III, c. 11, 1116b28.

Respostas aos argumentos

1. Respondo, portanto, dizendo que a razão perfeita do louvor e do vitupério consiste no voluntário. Por isso, o que diminui a razão do voluntário diminui a razão do louvável no bem e do vituperável no mal. Contudo, a paixão que precede a eleição diminui a razão de voluntário e, por isso, diminui o louvor do ato bom e o vitupério do mal. Ora, a paixão segue o sinal da magnitude do voluntário, como foi dito no corpo do artigo. Assim, pois, como a paixão acrescenta algo ao louvável no bem, assim acrescenta algo ao vitupério no mal. No entanto, diz-se que peca por paixão aquele no qual a paixão induz à eleição do pecado. Contudo, o que cai na paixão do pecado por eleição do pecado não se diz que peca por paixão, mas com paixão. Logo, é verdadeiro que agir por paixão diminui tanto o louvor quanto o vitupério, mas agir com paixão pode aumentar um e outro.

2. Respondo, dizendo que o movimento da virtude, que consiste na perfeita vontade, não pode ocorrer sem paixão, não porque a vontade dependa da paixão, mas porque, na natureza passível, a paixão segue o necessário na vontade perfeita.

3. Respondo, dizendo que, na ação da virtude, é necessária a eleição e a execução. Contudo, para a eleição se requer a discrição e para a execução disso, que já está determinado, requer-se a prontidão. No entanto, não se requer muito que o homem, que atualmente existe na execução da obra, medite muito acerca da obra, pois isso, como diz Avicena na sua *Metafísica*,[115] regride mais do que avança como fica claro para quem toca a cítara, que muito seria imperado se pusesse o pensamento junto do tato das cordas singulares. E, de modo semelhante, o escritor, se pensasse

115. Cfr. AVICENA, *Sufficientia*. Livro I, cap. 14, fólio 22 verso, coluna b, letra I (Apud Venetiis, 1508).

na formação das letras singulares. E, então, resulta que a paixão que precede a eleição impede o ato da virtude, enquanto impede o juízo da razão que é necessário ao eleger. Contudo, depois que a eleição já é perfeita, segundo o juízo puro da razão, a paixão que segue serve mais de ajuda que de dano, porque se em algo turba o juízo da razão, porém, age a favor da prontidão da execução.

4. E, por isso, fica clara a solução para o quarto.

5. Respondo, dizendo que Deus e os anjos não são suscetíveis de paixões, e por isso de suas vontades perfeitas não procedem nenhuma paixão delas, mas se seguiria se fossem capazes de paixões. E, por causa de certa semelhança das obras, o nome das paixões se toma com frequência da fala humana para se referir aos anjos, não por alguma debilidade das afecções.

6. Respondo, dizendo que aqueles que têm virtudes na alma purificada são de alguma maneira imunes às paixões que inclinam até o contrário disso que elege a virtude e, também, são imunes às paixões que induzem a vontade; não, porém, são imunes às paixões que seguem a vontade.

7. Respondo, dizendo que a carnalidade pertence ao amor, se a paixão do amor preceder o amor da vontade, não, porém, se a seguir, pois isso pertence ao fervor da caridade, que consiste no fato de que o amor está na parte superior, que redunda por sua veemência até a mudança na parte inferior.

8. E, por isso, fica clara a solução ao oitavo.

Artigo 8

Oitavo, pergunta-se se as paixões desse tipo existiram em Cristo[116]

E parece que não.

116. Outros lugares: *Super Sent.* III, d. 13, q. 1, a. 2, qc. 1, ad 2; *ibid.* d. 15, q. 2, a. 1, qc. 3 e a. 3, expos. textus; *ibid.* d. 33, expos; *Comp. theo.,* cap. 232; *Lect. super Matth.,* cap. 26; *Sum. Theo.* III, q. 15, a. 4-9; *Lect. super Ioh.,* cap. 12, l. 5 e cap. 13, l. 4.

Argumentos

1. Para Agostinho, no livro XII *Sobre a Trindade*,[117] todo agente é mais excelente do que o paciente. Ora, nada criado é mais excelente do que a alma de Cristo. Logo, na alma de Cristo não pode haver qualquer paixão.

2. Além do mais, segundo Macróbio,[118] é próprio da fortaleza da alma purificada ignorar as paixões, porém, não vencê-las. Ora, Cristo teve maximamente purificadas as potências da alma. Logo, nele não existiram paixões desse modo.

3. Além do mais, segundo Damasceno,[119] *a paixão é o movimento do apetite da alma por suspeita do bem ou do mal.* Ora, em Cristo não houve suspeita, pois esta pertence à ignorância. Logo, em Cristo não houve alguma paixão da alma.

---

117. Ver em AGOSTINHO: AGOSTINHO, *De Genesis ad Litteram*. L. XII, c. 16: PL 34, 467.

118. MACRÓBIO, *Super Somnium Scipionis*. L. I, c. 9, § 9.

119. JOÃO DAMASCENO, *De Fide Orthodoxa*. L .II, c. 22: PL 94, 940 D.

4. Além do mais, segundo Agostinho, *a paixão é o movimento da alma contra a razão*. Ora, em Cristo não houve nenhum movimento contra a razão. Logo, em Cristo não houve paixão alguma da alma.

5. Além do mais, Cristo quanto à alma não é menor do que os anjos, mas só de um modo quanto à debilidade da carne. Ora, nos anjos não existem paixões, como diz Agostinho no livro IX da *Cidade de Deus.*[120] Logo, nem existiram na alma de Cristo.

6. Além do mais, Cristo foi mais perfeito segundo a alma do que o homem no primeiro estado. Ora, o homem no primeiro estado não era sujeito a essas paixões, como diz Agostinho, no livro XI da *Cidade de Deus*:[121] à debilidade da vida presente pertence suportar os afetos desse modo, inclusive em quaisquer bons ofícios. Ora, a debilidade não existiu no primeiro estado. Logo, nem em Cristo existiram as paixões desse modo.

7. Além do mais, segundo Agostinho,[122] *a dor é a sensação da divisão ou corrupção*. Ora, em Cristo, não houve sensação de corrupção nem divisão, porque, como diz Hilário,[123] *teve a força da pena sem a sensação da pena*; nem teve nele divisão ou corrupção, porque não pode dar-se nenhuma perda pelo sumo Bem. Logo, em Cristo não houve dor.

8. Além do mais, onde existe a mesma causa, também há o mesmo efeito. Ora, nos corpos dos santos, não haverá alguma

120. AGOSTINHO, *De Civitate Dei*. L. IX, c. 5: PL 41, 261.

121. AGOSTINHO, *De Civitate Dei*. L. IX, c. 5: PL 41, 261.

122. AGOSTINHO, *De Libero Arbitrio*. L. III, c. 23: PL 32, 1305.

123. HILÁRIO, *De Trinitate*. L. X, n. 23: PL 10, 362.

paixão por esta causa, a saber, porque estarão purificados do resíduo do pecado e unidos às almas gloriosas. Portanto, como isso ocorreu no corpo de Cristo, parece que não pôde existir nele a dor da paixão corporal.

9. Além do mais, ninguém sente dor ou se entristece a não ser pela perda do seu bem. Por causa disso, pois, também o mal é contristável, porque elimina o bem. Ora, o bem do homem é a virtude, pois só com isso o homem se torna bom. Logo, como em Cristo não existiu esse bem alcançado, nele não existiu a tristeza ou a dor.

10. Além do mais, segundo Agostinho, no capítulo VI, no livro XIV da *Cidade de Deus*,[124] *quando dissentimos disso que ocorre sem querer, tal vontade é tristeza*. Ora, em Cristo nada ocorre que Ele mesmo não quisesse. Logo, em Cristo, a paixão da tristeza ou da dor não existiu.

11. Além do mais, ninguém se entristece ou sente dor racionalmente a não ser por alguma lesão. Ora, assim como prova Crisóstomo,[125] *ninguém é lesionado a não ser por si mesmo*, o que, de fato, não é próprio do sábio. Logo, como Cristo foi sapientíssimo, não existiu tristeza nele.

Ao contrário

1. É o que se diz em Mc 14,33: *Jesus começou a apavorar-se e a angustiar-se*.

124. AGOSTINHO, *De Civitate Dei*. L. XIV, c. 6: PL 41, 409.

125. JOÃO CRISÓSTOMO, *Liber quo nemo laedatur nisi a seipso*: PG 52, 459.

2. Além do mais, Agostinho[126] diz, que *a vontade reta tem esses movimentos não só inculpáveis, mas também louváveis*. Ora, em Cristo houve vontade reta. Logo, existiram nele esses movimentos.

3. Além do mais, em Cristo existiram defeitos dessa vida que não repugnam a perfeição da graça. Ora, as paixões desse tipo não repugnam a perfeição da graça, mas antes são causadas pela graça, como fica claro por Agostinho:[127] *pois esses afetos vêm do amor ao bem e da santa caridade*. Logo, existiram paixões desse modo em Cristo.

Respondo

Respondo, dizendo que essas paixões, de um modo, estão nos pecadores, de outro modo nos justos, e perfeitos e imperfeitos, de outro modo no Cristo homem, e de outro modo no primeiro homem e nos bem-aventurados, enquanto nos anjos e em Deus não existem de modo algum, porque a virtude apetitiva sensível não existe neles, a qual pertencem os movimentos dessas paixões.

Contudo, para evidência disso, deve-se saber que podem ser distinguidas quatro diferenças nessas paixões da alma, segundo a qual a distinção, propriamente, tem mais ou menos da noção de paixão.

Primeira, nisso que alguém é afetado pela paixão da alma, seja pelo que é contrário ou nocivo, ou por isso que é conveniente e profícuo. E mais se salva a noção de paixão quando a afeição se segue do nocivo, que se seguisse do profícuo. Por causa disso, a paixão implica certa mudança do paciente desde sua disposição natural à disposição contrária. E, então, é que a dor, a tristeza e o

126. AGOSTINHO, *De Civitate Dei*. L. XIV, c. 6: PL 41, 409.

127. AGOSTINHO, *De Civitate Dei*. L. XIV, c. 6: PL 41, 414.

temor e outras paixões desse tipo, que são relativas ao mal, têm mais haver com a noção de paixão do que a alegria e o amor e outras coisas, que são relativas ao bem, ainda que nelas também se salve a noção de paixão, segundo a qual o coração, por tais paixões, se dilata ou se inflama, ou se dispõe de qualquer outra maneira que seja de sua comum disposição. E é justamente por isso que ocorre de alguém morrer pelas afeições desse tipo.

Segunda, porque a paixão é totalmente extrínseca ou procede de algum princípio intrínseco, e se salva mais a noção de paixão quando é relativa ao extrínseco do que quando é relativa ao intrínseco. De fato, do extrínseco é quando a paixão é instigada subitamente pelo concurso de algo conveniente ou nocivo, mas do intrínseco quando essas paixões são causadas pela mesma vontade, pelo modo que foi dito. Deste modo, então, não são súbitas, pois seguem o juízo da razão.

Terceira, porque muda algo ou totalmente ou não totalmente. Com efeito, que de algum modo se altera e não muda totalmente, não dizemos propriamente que padece como o que é mudado totalmente em seu contrário, pois dizemos propriamente que um homem padece a enfermidade se todo seu corpo sente sua enfermidade, que a doença ocorre em alguma parte sua. Contudo, o homem então muda totalmente pelos afetos desse tipo quando não só permanece no apetite inferior, mas que também leva a si e ao superior. Mas quando estão no apetite inferior, então o homem é mudado por elas de acordo com a parte. Por isso, assim, se dizem "propaixões"; mas, se forem do primeiro modo, chamar-se-iam paixões.

Quarta, por isso que a mudança é frágil ou intensa. Com efeito, as mudanças frágeis são chamadas menos propriamente paixões. Por isso diz Damasceno[128] no livro III: *nem todos os movimentos passivos se chamam paixão, mas os que são mais veemen-*

128. JOÃO DAMASCENO, *De Fide Orthodoxa*. L. II, c. 22: PG 94, 941 B.

tes e procedem do sentido; pois os que são pequenos e insensíveis, não são paixões.

Portanto, deve-se saber, que nos homens no estado da vida presente, se são pecadores, existem paixões em relação ao bem e em relação ao mal, não apenas previstas, mas também súbitas, intensas, frequentes e perfeitas. Por isso, diz-se que são seguidores das paixões no livro I da *Ética.*[129] Mas nos justos nunca são perfeitas, porque neles a razão nunca está rebaixada pelas paixões. Contudo, são veementes nos imperfeitos, mas nos perfeitos são débeis, pois as potências inferiores são refreadas pelo hábito das virtudes morais. Entretanto, há paixões não só previstas, mas súbitas, e não só em relação ao bem, mas em relação ao mal. Mas nos bem-aventurados, no homem no primeiro estado e em Cristo, segundo o estado de debilidade, as paixões desse tipo nunca são súbitas, pois neles, pela perfeita obediência das potências inferiores às superiores, não surge nenhum movimento no apetite inferior, a não ser segundo o ditame da razão. Por isso diz Damasceno[130] no livro III: *as tendências naturais não precediam à vontade no Senhor, mas sentiu fome querendo, temeu querendo.* E, de modo semelhante, deve-se entender dos bem-aventurados após a ressurreição, e dos homens no primeiro estado. Ora, isso é importante, pois em Cristo não existiram só paixões em relação ao bem, mas em relação ao mal, pois tinha um corpo passível e, por isso, da imaginação do nocivo podiam dar-se nele de modo natural a paixão do temor, a tristeza e coisas semelhantes. Mas, no primeiro estado e nos bem-aventurados, não pôde existir apreensão de algo como nocivo e, por isso, neles, não houve paixão senão em relação ao bem, como o amor, a alegria e coisas semelhantes, porém não a tristeza ou o temor ou a ira e algo tal.

Assim, portanto, concedemos que em Cristo existiram paixões verdadeiras. Por isso, diz Agostinho no livro XIV da *Cidade de*

129. ARISTÓTELES, *Ethica Nicomachea.* L. I, c. 3, 1095a4.

130. JOÃO DAMASCENO, *De Fide Orthodoxa.* L. III, c. 20: PG 94, 1084 A.

Deus: *Cristo do mesmo modo quando quis, foi feito homem, assim quando quis tomou esses movimentos da alma humana, pela graça do governo estabelecido.*

Respostas aos argumentos

1. Respondo, dizendo que não é necessário que o agente seja absolutamente mais excelente do que o paciente, mas relativamente, a saber, enquanto é agente. E, assim, nada impede que o objeto da alma de Deus seja mais excelente, enquanto é ativo, e a alma de Cristo tenha alguma potência passiva.

2. Respondo, dizendo que, segundo Agostinho no livro IX da *Cidade de Deus*,[131] acerca disso teve contenda entre estoicos e peripatéticos, que, porém, mais parecia ser segundo as palavras do que segundo a realidade. Pois, os estoicos diziam que essas paixões desse tipo de nenhum modo estão na alma do sábio. Contudo, diziam que o sábio é o que é perfeito nas virtudes, como tendo a virtude *da alma purificada*. Porém, os peripatéticos dizem que essas paixões da alma também convêm ao sábio, mas de modo mais moderado e sujeito à razão. No entanto, Agostinho prova, por confissão de certos estoicos, que os estoicos também admitiam que os afetos desse tipo fossem consentidos; os quais, de fato, não chamavam paixões, mas coisas vistas ou fantasias da alma. Por isso, fica claro que, segundo a realidade, os estoicos não diziam outra coisa do que os peripatéticos chamavam paixões, os estoicos as chamavam de outro modo. Portanto, assim, segundo a sentença dos estoicos Macróbio e Plotino, eles dizem que as paixões não são com a virtude da alma purificada, não porque não havia alguns movimentos súbitos das paixões em tais virtuosos, mas porque nem levam a razão, nem são veementes até

131. AGOSTINHO, *De Civitate Dei*. L. IX, c. 4: PL 41, 258.

que perturbem muito a paz da mente, segundo o qual também o Filósofo diz no livro VII da *Ética*,[132] que as concupiscências nos temperantes não são fortes como são nos incontinentes, ainda que em nenhum dos dois a razão é levada ao consentimento. Ou se pode dizer, e melhor, que como as paixões desse tipo nascem do bem e do mal, devem-se distinguir segundo as diferenças de bens e males. Com efeito, existem certos bens e males naturais, como o alimento, a bebida, a saúde ou a enfermidade do corpo e outras coisas semelhantes. Contudo, algumas não são naturais, como as riquezas, as honras e outras desse tipo, acerca das quais versa a vida civil. Entretanto, Plotino e Macróbio distinguem as virtudes da alma purificada das virtudes políticas. A partir do qual fica claro que as virtudes da alma purificada as põem naqueles que estão totalmente afastados do trato civil, descansando só na contemplação da sabedoria. E, por isso, neles não se seguem algumas paixões dos bens ou dos males civis, mas não são imunes àquelas paixões que seguem aos bens e males naturais.

3. Respondo, dizendo que qualquer coisa que é causada por uma causa débil pode ser causada por uma causa mais forte. Contudo, a estima certa é uma causa mais forte para exercitar as paixões do que a suspeita, por isso Damasceno pôs aquele mínimo em relação do qual pode causar-se a paixão, por causa disso uma causa mais forte é causada por algo mais forte.

4. Respondo, dizendo que segundo Agostinho, no livro XIV da *Cidade de Deus*,[133] a impassibilidade se diz de dois modos: um modo, na medida em que priva as afeições que vão contra a razão, que perturbam a mente; outro modo, na medida em que exclui todo afeto. Logo, na dita autoridade se toma a paixão segundo o que opõe à primeira impassibilidade, porém

132. ARISTÓTELES, *Ethica Nicomachea*. L. VII, c. 9, 1152a1.

133. AGOSTINHO, *De Civitate Dei*. L. XIV, c. 9: PL 41, 415.

não segundo o que se opõe à segunda impassibilidade. E, assim, só deste modo existiu em Cristo.

5. Respondo, dizendo que Cristo, segundo a alma intelectiva, foi superior aos anjos, porém teve apetite sensitivo, segundo o qual podiam inerir nele paixões, o que não têm os anjos.

6. Respondo, dizendo que no primeiro homem existiram algumas paixões, como a alegria e o amor, que são relativas ao bem, não, porém, a dor ou o temor, que são relativos ao mal. E essas pertencem à presente debilidade, que Adão não teve, mas Cristo voluntariamente assumiu.

7. Respondo, dizendo que em Cristo existiram uma verdadeira lesão do corpo e uma verdadeira lesão do sentido, pois segundo a divindade Ele é o sumo bem, do qual nada pode subtrair, nem, porém, segundo o corpo. Contudo, a palavra de Hilário, como alguns citam,[134] depois foi retratada pelo mesmo. Ou por isso se pode dizer que Cristo não teve só penas de sentido, mas que esse sentido não chegou a mudar a razão.

8. Respondo, dizendo que por isso mesmo que a alma é glorificada, segundo o curso comum dos acontecimentos, o corpo unido a ela se faria glorioso e impassível de lesão. Por isso, diz Agostinho na *Epístola a Dióscoro*:[135] *Deus fez a alma da natureza tão poderosa que, de sua plena beatitude, que se promete aos santos ao fim dos tempos, redunde na natureza inferior que é o corpo, não a beatitude que é própria dos que gozam e contemplam, mas a plenitude da saúde, isto é, o vigor da incorrupção*. Ora, Cristo tendo

134. Alude a GUILLERMO DE ALVERNIA, segundo refere BOAVENTURA, *Super III Sententiarum*. d. 16, a. 1, q. 1.

135. AGOSTINHO, *Epistola* 118. Cap. 3: PL 33, 439.

em seu poder sua alma e seu corpo, por virtude da divindade por certa disposição, tinha não só a felicidade na alma, mas, também, a passibilidade no corpo, permitindo o Verbo ao corpo isso que é próprio para ele, como diz Damasceno.[136] Por isso existiu em Cristo algo singular para que, da plenitude da felicidade da alma, a glória não redundasse no corpo.

9. Respondo, dizendo que os estoicos não chamavam bem do homem a não ser aquilo pelo qual se chamam bons os homens, a saber, as virtudes da alma. Mas os outros bens, como os corporais, e aquelas coisas que são exteriores à fortuna, não os chamam bens, mas úteis, que, porém, os peripatéticos chamam bens, ainda que mínimos, mas às virtudes as chamam bens máximos. Diferença que não era senão segundo os nomes. Com efeito, assim como dos bens mínimos, segundo os peripatéticos, assim dos úteis, segundo os estoicos, nasciam na alma do sábio alguns movimentos, ainda que sem perturbar a razão. E, assim, não é verdadeiro que na alma do sábio possa nascer a tristeza apenas pelo defeito da virtude.

10. Respondo, dizendo que, ainda que a lesão do corpo em Cristo não existiu contra a vontade da razão, porém, foi contra o apetite da sensualidade. E, assim, existiu ali a tristeza.

11. Respondo, dizendo que Crisóstomo fala da lesão pela qual alguém se torna miserável, a saber, porque é privado do bem da virtude. Mas a paixão da tristeza no sábio não nasce só da lesão, como foi dito. Por isso, o raciocínio não se aplica ao caso.

136. JOÃO DAMASCENO, *De Fide Orthodoxa*. L. III, c. 15: PG 94, 1060.

Artigo 9

Nono, pergunta-se se a paixão da dor existiu na alma de Cristo, quanto à razão superior[137]

E parece que não.

137. Outros lugares: *Super Sent.* III, d. 15, q. 2, a. 1, qc. 3 e a. 3, qc. 2; *Quodl.* VII, q. 2; *Comp. theo.* Cap. 232; *Sum. Theo.* III, q. 15, a. 5 e q. 46, a. 7.

Argumentos

1. Com efeito, então, diz-se que o homem é conturbado e levado pela paixão quando a comoção da paixão pertence à razão. Contudo, ser perturbado e levado não é próprio do sábio. Logo, como Cristo foi sapientíssimo, parece que nele a dor não alcançou a razão superior.

2. Além do mais, diz-se que cada potência se deleita segundo a conveniência de seu próprio objeto. Logo, também a dor não deve ser atribuída a alguma potência a não ser por causa do dano que ocorre por parte do objeto. Ora, em relação às coisas eternas, que são objetos da razão superior, Cristo não padecia nenhum defeito ou impedimento. Logo, na razão superior de Cristo, não existiu a paixão da dor.

3. Além do mais, segundo Agostinho no livro XIV da *Cidade de Deus*,[138] a dor pertence às paixões corporais. Logo, não

---

138. AGOSTINHO, *De Civitate Dei*. L. XIV, c. 7: PL 41, 411.

pertence à alma, a não ser na medida em que está unida ao corpo. Ora, segundo a razão superior a alma não se une ao corpo, pois, segundo o filósofo no livro III *Sobre a alma*,[139] o intelecto não é ato de nenhum corpo. Logo, a dor não pode estar na razão superior.

4. Mas se poderia dizer que a razão superior não se une ao corpo por operação, mas se une a ele como forma. – Mas, ao contrário, segundo o Filósofo no livro *Sobre o sono e a vigília*,[140] a potência e o ato pertencem ao mesmo sujeito. Logo, se o ato do intelecto for da alma sem comunicação com o corpo, e a potência intelectiva fosse própria da alma, não na medida em que se una ao corpo, assim a razão superior não estaria unida ao corpo como forma.

5. Além do mais, segundo Damasceno,[141] a paixão é o movimento da alma irracional e apetitiva. Ora, a dor, a tristeza e as coisas semelhantes são certas paixões. Logo, na parte da razão superior não existiram paixões em Cristo.

6. Além do mais, segundo Agostinho, no livro XIV da *Cidade de Deus*,[142] a dor ou a tristeza são dessas coisas que nos ocorrem sem querer. Ora, Cristo, segundo a razão superior, queria sua paixão corporal e não ocorreu algo contra sua vontade, que era perfeitamente conforme a vontade divina. Logo, na razão superior de Cristo não houve tristeza ou dor.

7. Mas se poderia dizer que a razão superior como razão queria a paixão do corpo, mas não como natureza. – Mas, ao con-

139. ARISTÓTELES, *De anima*. L. III, c. 7, 429a24.

140. ARISTÓTELES, *De somno et vigília*. Cap. 1, 454a8.

141. JOÃO DAMASCENO, *De Fide Orthodoxa*. L. II, c. 22: PG 94, 940 D.

142. AGOSTINHO, *De Civitate Dei*. L. XIV, c. 15: PL 41, 424.

trário, a mesma potência é considerada como razão e como natureza, pois a diversa consideração do real não varia a substância. Logo, se a razão superior como razão queria algo, e não o queria como natureza, a mesma potência queria e não queria algo simultaneamente de uma vez, o que é impossível.

8. Além do mais, segundo o Filósofo,[143] *nenhuma tristeza é oposta ou contrária ao deleite que existe na contemplação*. Ora, o deleite da razão superior se dá na contemplação das realidades eternas. Logo, nela não pode haver alguma dor ou tristeza. Com efeito, essa tristeza ou dor se opõem ao deleite da contemplação. E, assim, na alma de Cristo, segundo a razão superior, não houve paixão de dor ou de tristeza.

Ao contrário

1. É o que se diz em Sl 87,4: *minha alma está cheia de males*; cuja Glosa[144] diz: *não de vícios, mas de dores*. Logo, em qualquer parte da alma Cristo teve dor. E, assim, também, na razão superior.

2. Além do mais, a satisfação responde à culpa. Ora, Cristo satisfez com sua paixão pela culpa do primeiro homem. Logo, como aquela culpa atingiu a razão superior, também a paixão de Cristo deveu atingir a razão superior.

3. Além do mais, como diz a Glosa sobre isto: *minha alma está cheia de males*, sofrendo a alma se compadece do corpo ao qual se une. Ora, a razão como razão diz respeito ao corpo, o que

143. ARISTÓTELES, *Topica*. L. I, c. 15, 106a38.

144. Glosa de PEDRO LOMBARDO: PL 191, 811, D; tomada de AGOSTINHO, *Enarrationes in Psalmos*: PL 37, 1110.

fica claro mediante isso que nos anjos, que não têm corpos unidos a si de modo natural, não dizemos razão, mas intelecto; porém, nos animais racionais, dizemos razão às almas unidas aos corpos. Logo, na razão superior, enquanto é razão, houve dor da paixão de Cristo.

4. Além do mais, a alma toda, segundo Agostinho,[145] está no corpo todo. Logo, qualquer de suas partes está unida ao corpo. Ora, a razão superior, como razão, é certa parte da alma. Logo, está unida ao corpo. E, assim, se compadece pela dor que padece o corpo.

Respondo

Respondo, dizendo que, assim como ficou claro pelo que foi dito antes no artigo 2 desta questão, é dupla a paixão pela qual a alma padece por acidente: uma, corporal, que começa no corpo e termina na alma, enquanto está unida ao corpo; outra é a paixão animal, que é causada mediante isso que a alma apreende, algo pelo qual o corpo é movido, cujo movimento segue certa mudança corporal.

Portanto, falando da primeira paixão, à qual pertence a dor, segundo Agostinho,[146] deve-se dizer assim: que a dor da paixão de Cristo esteve em certo modo na razão superior dele, e em certo modo não. Com efeito, na dor existem duas coisas: a saber, a lesão e a percepção experimental da lesão. De fato, a lesão está principalmente no corpo, mas consequentemente na alma, enquanto está unida ao corpo. Contudo, a alma se une ao corpo por sua essência, porém na essência da alma se radicam todas as potências e, por causa disso, aquela lesão pertencia em Cristo à alma e a todas as partes dela, inclusive à razão superior, enquanto se

145. AGOSTINHO, *De Trinitate*. L. VI, c. 6: PL 42, 929.

146. AGOSTINHO, *De Civitate Dei*. L. XIV, c. 7: PL 41, 411.

funda na essência da alma. No entanto, a percepção experimental da lesão pertence só ao sentido do tato, como foi dito acima no artigo 3 desta questão. Contudo, falando da paixão animal, apenas naquela parte da alma pode ocorrer tristeza, que é propriamente a paixão animal, de cujo objeto acontece a tristeza, por cuja apreensão e apetite ocorre a tristeza. Contudo, da parte do objeto da razão superior na alma de Cristo, não podia ocorrer nenhuma razão de tristeza, a saber, da parte das realidades eternas das quais frui perfeitamente. E, por isso, a tristeza animal não pode existir na razão superior da alma de Cristo.

Logo, a razão superior em Cristo padecia pela dor corporal, na medida em que se radica na essência da alma. Não obstante, não padecia tristeza animal, enquanto que por ato próprio se volta a contemplar as realidades eternas.

Respostas aos argumentos

1. Respondo, portanto, dizendo que o homem então é perturbado e induzido à paixão, quando a razão na própria operação segue a inclinação da paixão, consentindo e elegendo. Contudo, a dor corporal não atinge a razão superior da alma de Cristo, mudando sua própria operação, mas apenas de modo que se radique na essência, como foi dito no corpo do artigo. E, por isso, o raciocínio não procede.

2. Respondo, dizendo que, ainda que a dor não estivesse na razão superior da alma de Cristo por comparação ao próprio objeto, porém esteve nela enquanto se refere à própria raiz, que é a essência da alma.

3. Respondo, dizendo que a potência pode ser ato do corpo de dois modos. Um modo, enquanto é certa potência. E, assim, diz-se ser ato do corpo, enquanto informa algum órgão corporal para exercer seu ato próprio, como a potência visiva aperfeiçoa o olho para exercer o ato da visão; e, deste modo, o intelecto não é ato do corpo. Outro modo, pela razão da essência na qual é fundada. Assim, pois, tanto o intelecto, quanto as outras potências se unem ao corpo como forma, enquanto estão na alma, que por sua essência é forma do corpo.

4. Respondo, dizendo que aquela objeção procede segundo a noção de potência, porém não na medida em que se radica na essência da alma.

5. Respondo, dizendo que Damasceno fala da paixão animal que, de fato, está na parte apetitiva sensual, como em seu próprio sujeito, mas está na apreensiva como causalmente, enquanto o movimento da paixão surge na apetitiva, na virtude do objeto apreendido. Contudo, no apetite superior há algumas operações similares às paixões do apetite inferior, na razão de cuja semelhança, às vezes, os nomes das paixões são atribuídos aos anjos ou a Deus, como diz Agostinho no livro IX da *Cidade de Deus.*[147] E, por esse modo, diz-se, às vezes, que a tristeza está na razão superior quanto à apreensiva e à apetitiva. Porém, assim, não dizemos que houve dor na razão superior da alma de Cristo, mas na medida em que se radica na essência da alma, como foi dito no corpo do artigo.

6. Respondo, dizendo que aquela objeção prova que na razão superior não existia dor, segundo se refere a seu objeto por sua própria operação, pois, assim, não ocorre nada contra sua vontade.

7. Respondo, dizendo que aquela distinção, pela qual se distingue a razão como razão e a razão como natureza, pode ser entendida de dois modos.

---

147. AGOSTINHO, *De Civitate Dei.* L. IX, c. 5: PL 41, 261.

Um modo, tal que a razão como natureza se diga razão segundo a qual é a natureza da criatura racional, enquanto, a saber, fundada na essência da alma do ser natural do corpo. Contudo, a razão como razão se diz segundo isso que é próprio da razão enquanto é razão. E isso é seu ato, porque as potências se definem pelos atos. Portanto, porque a dor não está na razão superior, enquanto que esta se refere ao objeto, segundo seu próprio ato, mas segundo se radica na essência da alma, por isso se diz que a razão superior padecia dor como natureza, porém não como razão. E se dá de modo semelhante com a vista, que se funda sobre o tato, enquanto que o órgão da vista é órgão do tato. Por isso, a vista pode padecer de dois modos a lesão: de um modo, pelo próprio ato, como quando a visão se cansa por uma luz excessiva, e esta é a paixão da vista como vista; de outro modo, enquanto se funda no tato, como quando o olho pisca ou não se dissolve por algum calor. E essa não é a paixão da vista enquanto é vista, mas enquanto é certo tato.

Outro modo, pode-se entender a referida distinção na medida em que dizemos que a razão como natureza se entende segundo a razão se refere a essas coisas que naturalmente conhece ou apetece. Contudo, a razão como razão, que por certa comparação se ordena a conhecer ou apetecer algo, por isso que é próprio da razão comparar. Com efeito, há certas coisas que consideradas em si mesmas devem ser evitadas, mas se apetecem segundo a ordem a outra coisa, como a fome e a sede consideradas em si mesmas devem ser evitadas. Não obstante, enquanto são consideradas como úteis para a saúde da alma ou do corpo, assim são apetecidas. E, assim, a razão como razão se alegra delas, mas a razão como natureza se entristece delas. Assim, pois, a paixão corporal de Cristo, em si considerada, devia ser evitada. Por isso, a razão como natureza se entristecia dela e não a queria, mas enquanto se ordenava à salvação do gênero humano, assim era boa e apetecível. E, assim, a razão como razão a queria e, então, se alegrava.

Ora, isso não pode se referir à razão superior, mas apenas à inferior, que busca como objeto próprio essas coisas que são próprias do corpo. Por isso, na paixão do corpo se pode tomar não só absolutamente, mas também com comparação. Ora, a razão superior não tende para estes objetos que são do corpo, como se fossem seus próprios, pois assim tende só às eternas; mas mira as corporais julgando-as por razões eternas, as quais não só tende considerando-as, mas também consultando-as. E, assim, a razão superior não mirava a paixão do corpo de Cristo, a não ser em ordem às razões eternas, segundo as quais se alegrava delas, enquanto era agradável a Deus. Por isso, a tristeza ou a dor, de nenhum modo caía na razão superior, por causa da própria operação. Contudo, não há inconveniente de que na mesma potência queira o mesmo em ordem a outra o que não quer por si, porque pode ser que isso que não é seja bom, tome certa bondade em relação a outro, ainda que isso não tenha lugar na razão superior em Cristo, em relação à paixão do corpo, a qual não se ordena, senão enquanto é querida, como fica claro pelo dito.

8. Respondo, dizendo que a consideração pode causar o deleite de dois modos. De um modo, por parte da operação, que é a consideração. E, assim, o deleite que se dá na consideração não contraria nenhuma tristeza, porque essa consideração, que é causa do deleite, não tem nenhuma consideração contrária, que seja causa de tristeza, pois toda consideração é deleitável. Contudo, não ocorre assim por parte do sentido, porque segundo a operação do sentido acontece tanto a tristeza quanto a dor como, por exemplo, quando nos deleitamos do tato do conveniente, mas sofremos do tato do nocivo. De outro modo, por causar o deleite por parte do que considera, enquanto, a saber, algo é considerado como bem ou como mal. E, assim, da consideração podem ocorrer o deleite e a tristeza contrária, pois, assim, também, por exemplo, alguém pode não entender a tristeza como causa, enquanto a considera como certo mal, mas em si não causa senão a negação do deleite. Porém, por esse modo, dizemos que a dor está na razão superior da alma de Cristo, mas enquanto se radica na essência da alma.

Respostas aos contrários

1. A isso que primeiro, de fato, objeta-se em contrário, respondo, dizendo que a Glosa não diz que a alma de Cristo seja repleta de tristeza, mas que é repleta de dores, na medida em que padece com o corpo. Assim, pois, não é necessário que a paixão da dor pertença à razão superior, a não ser enquanto esteja na essência da alma, pois assim se une ao corpo.

2. Respondo, dizendo que a paixão de Cristo não seria satisfatória, exceto enquanto é assumida voluntariamente pela caridade. E, assim, não é necessário que a dor esteja na parte superior da razão de Cristo em relação à própria operação, assim como em Adão existiu a culpa por operação da razão superior, porque o mesmo movimento da caridade do paciente, que está na parte superior da razão, responde na satisfação a isso que teve na culpa segundo a razão superior.

3. Respondo, dizendo que na razão se entendem duas coisas: a saber, certa participação da verdade intelectual e, também, o sombreamento ou defeito. Logo, o defeito da virtude intelectual ocorre na alma porque ela está unida ao corpo. Mas a virtude intelectual inere nela porque não está oprimida sob o corpo, tal como ocorre com outras formas materiais. E, por isso, como a operação da razão inere na alma, na medida em que participa da virtude intelectual, não se exerce tal operação mediante o corpo.

4. Respondo, dizendo que a razão, como razão, não nomeia alguma potência distinta da razão que existe como natureza, mas nomeia certo modo de considerar a mesma potência. Contudo, ainda que segundo algum modo de considerar, a paixão não pertença a alguma potência da alma, porém, não se exclui que toda a alma padeça.

ARTIGO 10

DÉCIMO, PERGUNTA-SE SE PELA DOR DA PAIXÃO, QUE EXISTIA NA RAZÃO SUPERIOR DE CRISTO, IMPEDIR-SE-IA A ALEGRIA DA FRUIÇÃO, E O INVERSO[148]

E parece que sim.

148. Outros lugares: *Super Sent.* III, d. 15, q. 2, a. 3, qc. 2, ad 5; supra q. 10, a. 11, ad 3; *Quodl.* VII, q. 2; *Comp. theo.* Cap. 232; *Sum. Theo.* III, q. 46, a. 8.

Argumentos

1. Com efeito, a felicidade está mais propriamente na alma do que no corpo. Ora, não se pode dizer que o corpo que padece seja feliz ou glorioso simultaneamente, porque a impassibilidade pertence à glória do corpo. Logo, nem na razão superior de Cristo podem ocorrer simultaneamente a paixão da dor e a alegria da fruição.

2. Além do mais, diz o Filósofo no livro VII da *Ética*,[149] que *o deleite afasta por todos os meios a tristeza contrária, mas se é veemente afasta toda tristeza*. Ora, o deleite pelo qual a razão superior da alma de Cristo fruía da divindade foi veementíssimo. Logo, afastou toda tristeza e dor de Cristo.

3. Além do mais, a razão superior de Cristo contemplava mais limpidamente do que Paulo no rapto. Ora, por força

149. ARISTÓTELES, *Ethica Nicomachea*. L. VII, c. 14, 1154b13.

da contemplação, a alma de Paulo foi separada do corpo não só quanto à operação da razão, mas também quanto às operações sensíveis. Logo, tampouco Cristo suportou alguma dor, nem segundo a razão nem segundo o sentido.

4. Além do mais, de uma causa mais forte se segue um efeito forte. Ora, a operação da alma é causa da mudança corporal, como é claro que da imaginação de coisas terríveis ou deleitáveis se dispõe o corpo ao frio e ao calor. Logo, como na alma de Cristo, quanto à razão superior, houve uma alegria veementíssima, parece que o corpo foi mudado por essa alegria. E, assim, a dor não pôde estar nem no corpo nem na razão superior, enquanto estivesse unida ao corpo.

5. Além do mais, ver a Deus em sua essência é mais eficaz do que ver a Deus em uma criatura que lhe é sujeita. Ora, a visão, pela qual Moisés viu a Deus na criatura sujeita, fez com que ele não fosse afligido pela fome no jejum de quarenta dias. Logo, por maior força de razão ver a Deus na sua essência, que convém a Cristo segundo a razão superior, removeu toda aflição corporal e, assim, o mesmo que antes.

6. Além do mais, isso que está no sumo grau, do qual, porém, se pode remover, não padece a mistura do contrário como, por exemplo, o calor do fogo que está no sumo não padece a mistura do frio, ainda que aquele calor seja suscetível de mudança. Ora, a alegria da fruição esteve na razão superior de Cristo no sumo grau e de modo imutável. Logo, não houve ali alguma mistura de dor.

7. Além do mais, o homem é beatificado tanto segundo a alma, quanto segundo o corpo. Contudo, uma e outra beatitude é perdida pelo pecado. No entanto, em Cristo a natureza humana foi restabelecida na beatitude da alma; nisso consiste que a razão superior fruía da divindade. Logo, com muito maior razão, foi restabelecida à felicidade o corpo, que é menos. E, assim, também, nem houve dor segundo o corpo. Assim, pois, nem na razão superior, na medida em que se une ao corpo.

8. Além do mais, como a alma de Cristo se une ao Verbo, assim também a sua carne. Ora, se sua carne fosse glorificada pela união ao Verbo, não poderia haver nela nenhuma dor. Logo, como a razão superior é beatificada pela união ao Verbo, não poderia haver nela qualquer dor.

9. Além do mais, segundo Agostinho, no livro XII do *Comentário literal ao Gênesis*,[150] a alegria e a dor estão por essência na alma. Contudo, a alegria e a dor são contrárias. Logo, como os contrários não podem estar no mesmo corpo, segundo a essência, parece que na parte superior da razão não podia estar simultaneamente a alegria da fruição e a dor da paixão.

10. Além do mais, a dor ocorre pela apreensão do nocivo, a alegria pela apreensão do conveniente. Ora, não é possível apreender simultaneamente o nocivo e o conveniente, porque ocorre que só se pode conhecer a um, segundo o Filósofo.[151] Logo, na razão superior não pôde estar simultaneamente a dor e a alegria.

11. Além do que, mais poder tem a razão na natureza íntegra sobre a sensualidade do que na natureza corrupta a sensualidade sobre a razão. Ora, na natureza corrupta, a sensualidade arrastava atrás de si a razão. Logo, com maior razão em Cristo,

---

150. AGOSTINHO, *Super Genesim ad literram*. L. XII, c. 24: PL 34, 474.

151. ARISTÓTELES, *Metaphysica*. L. IV, c. 7, 1006b 10.

no qual a natureza humana foi íntegra, arrastava atrás de si a razão à sensualidade. Ora, toda a sensualidade era partícipe da alegria da fruição, que estava na razão, do qual parece que a alma de Cristo era totalmente privada de dor.

12. Além do mais, a debilidade contraída é maior do que a assumida. E, de modo semelhante, a união na pessoa é mais forte do que a união pela graça. Ora, nos três jovens, que tinham a debilidade contraída, a união com Deus pela graça lhes preservou os corpos impassíveis à lesão do fogo.[152] Logo, com maior razão, em Cristo, que não teve senão a debilidade assumida, a união na pessoa do Verbo de Deus e a sua fruição conservou a razão imune à dor da paixão.

13. Além do mais, a alegria da fruição está na razão superior porque se converte a Deus. Contudo, a dor da paixão, por isto se converte ao corpo, porque o simples, ao qual se converte, converte-se totalmente. Logo, na razão superior de Cristo não pôde haver simultaneamente a alegria da fruição e da dor da paixão.

14. Mas se poderia dizer que em Cristo houve um duplo estado: a saber, o viador e o compreensor. E, segundo esses dois estados, pôde assim inerir nele a alegria da fruição e a dor da paixão. – Mas, ao contrário, o duplo estado de Cristo não remove a contrariedade que há entre a alegria e a dor, nem diversifica o sujeito da alegria e o da dor. Contudo, os contrários não podem estar no mesmo sujeito. Logo, o duplo estado de Cristo não faz com que simultaneamente possa inerir nele, segundo a razão superior, a dor e a alegria.

15. Além do mais, o estado de viador e compreensor ou são contrários, ou não. Se forem contrários, logo não poderiam

152. Daniel 3,19.

estar simultaneamente em Cristo. Contudo, se não forem contrários, como dos contrários há causas contrárias, parece que o duplo estado não poderia ser causa pela qual, em Cristo, estivessem simultaneamente a alegria e a dor, que são contrárias.

16. Além do mais, quando uma potência tende a seu ato, outra se retrai do ato. Logo, com maior razão, quando uma potência é intensa em um ato, essa mesma se retrai de outro. Ora, na razão superior houve alegria intensa. Logo, por isso se retraiu de dor.

17. Mas se poderia dizer que a dor era material em relação à alegria, por isso pela alegria não se impedia a dor. – Mas, ao contrário, a dor era da paixão do corpo, a alegria era da visão de Deus. Logo, a dor da paixão não era material em relação à alegria da fruição. E, assim, a dor e a alegria não poderiam estar simultaneamente na razão superior de Cristo.

Ao contrário

1. Segundo a proporção das causas é a proporção dos efeitos. Ora, a união da alma de Cristo ao corpo era causa de dor, mas sua união à divindade era causa de alegria. Contudo, essas duas uniões não se impediam. Logo, em Cristo, houve simultaneamente a dor da paixão e a alegria da fruição.

2. Além do mais, Cristo no mesmo instante foi verdadeiro viador e compreensor. Logo, teve essas coisas que são do viador e do compreensor. Ora, é do compreensor se alegrar intensamente da divina fruição, porém é do viador sentir as dores corporais. Logo, em Cristo houve simultaneamente a dor da paixão e a alegria da fruição.

Respondo

Respondo, dizendo que em Cristo as duas coisas ditas, a saber, a alegria da fruição e a dor corporal da paixão, de nenhuma maneira se impedem. Para evidência disso, deve-se saber que segundo a ordem da natureza, pela união entre as potências da alma em uma essência, e da alma e do corpo em seu ser composto, as potências superiores e inferiores, e também o corpo e a alma se influem entre si o que em alguma deles superabunda. Dá-se, então, que da apreensão da alma muda o corpo segundo o calor e o frio, e, às vezes, até a saúde e a enfermidade, e até a morte, pois ocorre que alguém contrai a morte pela alegria ou a tristeza ou o amor. Dá-se, então, que da mesma glória da alma se faz a redundância glorificando no corpo, como é claro pela autoridade de Agostinho[153] tomada acima. E, de modo semelhante, dá-se inverso, o que muda o corpo redunda na alma. Com efeito, a alma unida ao corpo imita suas complexões segundo a loucura ou a docilidade, e outras coisas semelhantes, como se diz no livro *Dos seis princípios*.[154] De modo semelhante, das potências superiores se faz a redundância nas inferiores, de tal modo que ao movimento intenso da vontade segue a paixão no apetite sensual, e da intensa contemplação se retrai ou são impedidas as potências animais dos seus atos. E o inverso, das potências inferiores se faz a redundância nas superiores, como quando da veemência das paixões existentes no apetite sensual se obscurece a razão, de modo que julgue como absolutamente bom isso acerca do qual o homem é afetado pela paixão.

Contudo, em Cristo é de outro modo. Pois pela potência divina do Verbo, a ordem da natureza estava sujeita à sua vontade. Por isso, podia acontecer que não houvesse a dita redundância ou da alma no corpo ou o inverso, ou das potências superiores nas inferiores ou o inverso, fazendo isso pela potência do Verbo

153. AGOSTINHO, *Epistola ad Dioscorum*. Epístola 118, c. 3: PL 33, 439.

154. Cfr. *Sex Principiorum*. Livro IV (edição Minio-Paluello, p. 44-5).

para que se comprovasse a verdade da natureza humana, quanto a suas partes singulares, para que se cumpra de modo conveniente tudo quanto pertence ao mistério de nossa reparação. Por isso diz Damasceno[155] no livro III: *movia-se de modo consequente com a natureza, querendo e permitindo o Verbo repartidamente padecer ou operar qualquer coisa própria, de modo que por todas as coisas se creia a verdade da natureza.* Logo, assim, é claro que como na razão superior existia a suma alegria, enquanto por sua operação a alma fruía de Deus, persistia a mesma alegria na razão superior e não se derivava às potências inferiores da alma nem ao corpo, pois de outro modo nenhuma dor nem paixão poderia haver-se dado nele. E, assim, também o efeito da fruição não atingiu à essência da alma enquanto é forma do corpo, nem enquanto é raiz das potências inferiores, pois, assim, também, teria chegado tanto no corpo como nas potências inferiores, como ocorre nos bem-aventurados após a ressurreição. De modo semelhante, mas ao inverso, ocorreu com a dor, que estava no mesmo corpo pela lesão do corpo e na essência da alma, porque é forma do corpo, e nas potências inferiores, não podia chegar à razão superior na medida em que por seu ato se converte a Deus, de modo que a mesma conversão era impedida até certo modo.

Portanto, resta que a mesma dor atingia a razão superior, enquanto está radicada no ser da alma, e ali se dava também a suma alegria enquanto por seu ato fruía de Deus. Assim, pois, a mesma alegria convinha à razão superior por si, porque convinha pelo ato próprio. Contudo, a dor, como por acidente, convinha em razão da essência da alma na qual se fundava.

Respostas aos argumentos

1. Respondo, portanto, dizendo que, como Deus é bem e vida da alma, assim a alma é o bem e vida do corpo, não, porém,

155. JOÃO DAMASCENO, *De Fide Orthodoxa*. L. III, c. 15: PG 94, 1060 B.

o inverso, que o corpo seja o bem da alma. Contudo, a passibilidade é certo impedimento ou dano em relação à união da alma ao corpo. E, por isso, o corpo não pode ser feliz segundo seu modo passível de existir, pois tem um impedimento em relação à participação do sumo bem, por causa da impassibilidade pertencente à glória do corpo. Mas toda a felicidade da alma consiste na fruição do sumo bem, que é Deus. Por isso, a alma que frui de Deus é perfeitamente feliz, inclusive se ocorresse ser passível por aquela parte pela qual se une ao corpo, como ocorreu em Cristo.

2. Respondo, dizendo que, o fato de que a alegria veemente expulse toda tristeza, inclusive a não contrária, isso ocorre pela redundância das potências entre si, o que em Cristo não ocorreu, como foi dito no corpo do artigo. E, por essa razão, pela veemência da contemplação, as potências inferiores do próprio apóstolo Paulo foram separadas dos seus atos.

3. Por isso, fica clara a solução ao terceiro.

4. E, também, por essa razão, pela operação da alma, ocorre alguma mudança no corpo, pela qual fica clara a solução ao quarto.

5. Foi por isso, então, que Moisés não era afligido por sede e fome de nenhum modo ou menos pela contemplação, ainda que visse a Deus por meio de uma criatura que lhe era sujeita. E, assim, fica clara a solução ao quinto.

6. Respondo, dizendo que, em Cristo, nenhuma mistura foi feita de alegria e dor. Pois a alegria esteve na razão superior por aquela parte que é princípio de seu ato, pois, assim, fruía de

Deus; mas a dor não estava na mesma razão superior, exceto pela lesão do corpo que a atinja como ato do corpo mediante a essência na qual se radica, assim, porém, que o ato da razão superior de nenhuma maneira era impedido. E, assim, era também pura alegria e pura dor; e, assim, um e outro em sumo grau.

7. Respondo, dizendo que, por certa dispensa, ocorreu que em Cristo a glória da alma se diz desde o princípio de sua concepção, mas não que fosse conferida ao corpo. De modo que, a saber, pela glória da alma foi compartilhada com Deus, pela passibilidade do corpo foi semelhante a nós. Assim, pois, foi mediador conveniente entre Deus e os homens, levando-os à glória de Deus, e oferecendo sua paixão por nossa parte, segundo aquilo que se lê em Hb 2,10: *convinha, de fato, que aquele por quem e para quem todas as coisas existem, querendo conduzir muitos filhos à glória, levasse à perfeição por meio de sofrimentos.*

8. Respondo, dizendo que a alma de Cristo esteve unida ao verbo de dois modos: de um modo pelo ato de fruição, e essa união a fez feliz; de outro modo pela união, e por essa não teve razão de felicidade, mas por essa teve que fosse a alma de Deus. Contudo, se se põe que a alma foi assumida na unidade da pessoa sem fruição, propriamente falando, não seria feliz, porque nem o próprio Deus é feliz, a não ser por isso que fruía de si mesmo. Portanto, o corpo de Cristo não é glorioso por isso mesmo de que é filho de Deus assumido na unidade da pessoa, mas só porque a glória desceu pela alma a ele mesmo, de fato, o que não sucedeu antes da paixão não era glorioso.

9. Respondo, dizendo que é impossível que coisas contrárias existam essencialmente num mesmo sujeito; porém, podem ocorrer movimentos contrários num mesmo sujeito, na medida em que um lhe convenha essencialmente e o outro acidentalmente, como ocorre, por exemplo, quando alguém que caminha no navio em uma dada direção, acaba sendo levado a um movimento contrário ao pretendido, por causa do movimento do navio. Assim, pois, na razão superior da alma de Cristo essencialmente se dava o gozo, porque o ato era próprio, mas só acidentalmente se dava a dor na razão superior, porque a dor ocorria pela paixão do corpo. Pode-se, também, dizer que a alegria e a dor não eram contrários, pois não se deram num mesmo sujeito, a saber, nem só na razão superior, nem só no corpo.

10. Respondo, dizendo que o intelecto não pode conhecer simultaneamente muitas coisas por diversas espécies; porém pode por uma espécie inteligir muitas coisas, ou entender quaisquer outras muitas coisas como uma. E assim o intelecto da alma de Cristo e de qualquer bem-aventurado intelige muitas coisas simultaneamente, enquanto que vendo a essência divina conhece as outras coisas.

Contudo, dado que a alma de Cristo não pode inteligir simultaneamente a não ser uma coisa, por isso, porém, não se nega que possa entender simultaneamente o uno e sentir outra coisa pelo sentido do corpo. E dessas duas apreensões na alma de Cristo se seguia o gozo da fruição de ver a Deus e a dor da paixão do sentido do dano. Por outra parte, dado que não podia entender simultaneamente uma coisa e sentir ou imaginar outra, porém por aquilo um intelecto pôde afetar de modo diverso o apetite superior e o apetite inferior, de modo que se gozasse o superior e temesse ou sentisse dor o inferior, como ocorre naquele que espera conseguir para si a saúde por alguma medicina horrível. Pois a mesma medicina é considerada como saudável pela razão, que gera a alegria na vontade, mas a razão de sua horribilidade comporta temor no apetite inferior.

11. Respondo, dizendo que aquele raciocínio procede segundo o curso comum dos acontecimentos. Contudo, em

Cristo houve especialmente que não se fizesse redundância de uma potência a outra.

12. Respondo, dizendo que o corpo das crianças não ficou impassível no forno, mas pela virtude divina miraculosa se deu que os corpos passíveis não fossem feridos pela existência do fogo, como também se poderia fazer pela virtude divina que nem a alma de Cristo nem corpo algum padecesse. Mas, como isso foi feito, foi dito no corpo do artigo.

13. Respondo, dizendo que a conversão da potência a algo é pelo ato do mesmo. E, assim, a alegria esteve na razão superior por conversão a Deus, a qual se convertia totalmente, mas a dor esteve na razão superior segundo a inerência ou aderência pela qual se adere à essência da alma como sua raiz.

14. Respondo, dizendo que o estado de viador é o estado de imperfeição, porém o estado de compreensor é o estado de perfeição. Logo, segundo isso, em Cristo o estado de viador teve o que levava consigo o corpo passível, e de modo semelhante a alma. Contudo, segundo o estado de compreensor, pelo ato da razão superior fruía perfeitamente de Deus. De fato, isso poderia se dar em Cristo, porque a virtude divina era impedida à redundância por um em outro, como foi dito no corpo do artigo. E essa é a causa pela qual podia dar-se simultaneamente nele a alegria e a tristeza. E, por isso, diz-se que segundo os dois estados essas duas coisas estavam nele, porque procedia ter dois estados e padecer simultaneamente dor e alegria pela mesma causa.

15. Respondo, dizendo que, mesmo que os estados de viador e de compreensor fossem contrários, eles ainda poderiam estar em Cristo, ao mesmo tempo, não num mesmo aspecto, mas em diferentes aspectos. O estado de compreensor existiu inerido nele pela fruição que tinha de Deus por aderir-se a Deus pela razão superior. O estado de viador existiu inerido nele por causa da união natural da sua alma com o corpo passível, tal como a razão superior uniu-se à própria alma. Como resultado, o estado de compreensor pertence ao ato da razão superior, mas o estado de viador pertence ao corpo passível e às coisas que seguem o corpo.

16. Respondo, dizendo que, em Cristo, isso foi especial por razão já dita, que por mais que uma potência tendesse a seu ato, outra não se retraía de seu ato nem era impedida até certo ponto. E, assim, a alegria da razão superior não era impedida pela dor que estava no sentido segundo o ato do sentido, nem pela dor na medida em que estava na razão superior, porque esta dor não estava nela segundo seu ato, mas que a atingia de outra maneira, na medida em que estava na essência da alma.

17. Respondo, dizendo que, assim como o conhecimento feliz é principalmente da divina essência, e secundariamente daqueles que conhecem na divina essência, assim a afeição e a alegria dos bem-aventurados se dão principalmente em Deus, mas secundariamente nesses de quem é razão de alegrar em Deus. E, assim, em certo modo a dor da paixão podia ser material em relação à alegria da fruição, pois aquela alegria era principalmente de Deus e, de modo secundário, daqueles que eram agradáveis a Deus. E, assim, era em relação à dor, enquanto era aceita por Deus, como ordenada à salvação do gênero humano.

Este livro foi impresso pela Gráfica Rettec
em fonte Garamond Premier Pro sobre papel Pólen Bold 70 g/m^2
para a Edipro no verão de 2024.